AF561040

ALBERTO BUSTOS PLAZA

PALABRAS DE BITS
PALABRAS DE TINTA

BLOG.LENGUA-E.COM

LENGUA-E
BUBOK

Colección Blog de Lengua Española, n.º 1

2009, Alberto Bustos Plaza
Lengua-e
Bubok Publishing
Madrid

blog.lengua-e.com

ISBN: 978-84-9916-498-4
Depósito legal: M-7659-2010

Índice

Abreviaturas y convenciones

al.	alemán	*fr.*	francés
cap.	capítulo	*gr.*	griego
cast.	castellano	*lat.*	latín
cat.	catalán	*lit.*	literal
clás.	clásico	*p.*	página
esp.	español	*vulg.*	vulgar
f.	femenino		

CORDE = Real Academia Española. *Corpus diacrónico del español* [http://corpus.rae.es/cordenet.html].

DPD = Real Academia Española y Asociación de Academias de la Lengua Española. *Diccionario panhispánico de dudas.* Madrid: Santillana. 2005.

DRAE = Real Academia Española. *Diccionario de la lengua española.* Madrid: Espasa-Calpe. 2001.

Ortografía = Real Academia Española. Ortografía de la lengua española. Madrid: Espasa-Calpe. 1999.

RAE = Real Academia Española.

El asterisco (*), antepuesto a una expresión, indica incorrección o agramaticalidad

Prólogo

Palabras de bits, palabras de tinta es la reencarnación en forma de libro de escritos que llevan circulando por la Red desde hace un par de años como parte de mi *Blog de Lengua Española*. Los materiales que aquí se presentan abarcan el primer año de publicación, desde agosto de 2007 hasta julio de 2008. Si ahora me he decidido a recopilarlos en un nuevo formato es, sobre todo, porque Internet llega lejos, pero tampoco llega —ni tiene por qué hacerlo— a todas partes.

Algunos amigos me habían comentado que imprimían las entradas del blog para dárselas a sus padres o para leerlas ellos mismos por las mañanas en el autobús, camino del trabajo. Así que me dije que si había quien se tomaba la molestia de andar pasando al papel estos retazos lingüísticos, también podía yo ofrecérselos ya impresos. Si estás sosteniendo entre tus manos un volumen recién encuadernado y con la tinta todavía fresca, me alegro de que le dediques tu tiempo y tu paciencia y espero que disfrutes con él.

Pero en 2009 cuando decimos *libro* nos podemos estar refiriendo a muchas cosas. Este veterano de la cultura se va adaptando a los tiempos y encontrando nuevas formas de colarse en nuestro cuarto de estar o de venirse con nosotros al parque. Por eso, no he podido dejar de preparar una versión electrónica, eso que llaman ahora *e-book* y que quizás sea lo que te acabas de descargar en tu flamante lector de libros electrónicos, en tu PDA o en tu iPhone. Si eres uno de estos adelantados, enhorabuena y espero que disfrutes también.

No se trata de si es mejor el papel o el electrón, la tinta o el bit. Lo importante es que hoy como ayer hay personas que se preguntan cuál es el origen de las palabras, que se devanan los sesos tratando de descifrar las sutilezas de la gramática o que se pueden pasar una hora (o una mañana) estudiando con tal de formular una frase con precisión. Cambian los soportes, se mudan los tiempos, pero permanecen la fascinación por la lengua y el afán de aprender. La ventaja que tenemos hoy es que disponemos de más medios que nunca para conseguir que el conocimiento sea libre y accesible. Es ante todo cuestión de voluntad el que ese ideal, que anima tantas manifestaciones de la cultura de nuestros tiempos, se llegue a realizar. Esa voluntad es la que me llevó a emprender un buen día, allá por el verano de 2007, la aventura de crear el blog.

La idea de publicar en Internet artículos sobre temas lingüísticos se me ocurrió una tarde mientras peinaba la Red en busca de materiales de apoyo para mis clases de lengua a los alumnos de Periodismo y Comunicación Audiovisual de la Universidad Carlos III. Por más que mareaba a Google, apenas lograba reunir un puñado de referencias útiles y, sobre todo, fiables. ¿Por qué no aportar, entonces, mi granito de arena escribiendo sobre los temas que estudiaba y explicaba a diario?

Algo que tuve que aprender es que Internet tiene sus propias reglas. Hace falta construirse una reputación no solo entre las personas sino también entre las máquinas. Cuando se logra entre las primeras, empiezan a llegar los visitantes habituales, los suscriptores y las recomendaciones en otras webs (a veces también el copieteo indiscriminado, sin citar y sin enlazar, que de todo hay). Cuando se consigue entre las segundas, los motores de búsqueda te van trayendo por su cuenta y riesgo a internautas que tratan de resolver una duda o de satisfacer su curiosidad.

Esta doble vertiente hace que el blog se comporte, al menos, como dos publicaciones diferentes. Por un lado, viene a ser una especie de periódico o revista que cuenta, como cualquier otra, con sus seguidores. Ahí están los fieles que se van asomando cada cierto tiempo a la página principal en busca de novedades y los cerca de 1 000 suscriptores que reciben las entradas por correo electrónico o RSS. A estos hay que sumarles los 540 miembros de la página de Facebook y los 350 seguidores del canal de Twitter. Por otro lado, el blog funciona como una obra de referencia a la que se accede aleatoriamente a través de buscadores. Ahí nos encontramos con el estudiante de español que aterriza desde Varsovia tratando de documentarse sobre el leísmo, a la madre mexicana que por las tardes ayuda a sus hijos con los deberes de lengua o al ingeniero madrileño que tiene que redactar un informe y no está seguro de si debe acentuar las mayúsculas. Algunos de los que llegan por esta vía se *enganchan* y siguen leyendo tras solucionar su duda puntual. Pueden pasar entonces a engrosar la primera categoría.

Los lectores, cuando por fin llegaron, me trajeron consigo una de las grandes enseñanzas sobre lo que es escribir en nuestros días. En el mundo de la web 2.0, la gente no solo te lee, sino que también te comenta, te anima a seguir publicando, te sugiere ideas para nuevas entradas, te critica y hasta te señala alguna que otra falta tipográfica —o de mayor entidad— que se haya podido deslizar. Poco a poco, lo que empezó como un proyecto individual e individualista se fue convirtiendo en una comunidad en la que se entablaba una animada discusión y en la que el autor participaba como uno más. Esto cambió por completo mi perspectiva y me insertó en una forma democrática y radicalmente contemporánea de vivir la cultura.

Tanto el blog como el libro son, además, deudores de toda una infraestructura de apoyo al conocimiento abierto que ha ido creciendo orgánicamente en los últimos años y sin la cual, simplemente, no hubieran llegado a existir. El software empleado es, en su totalidad, libre y gratuito: WordPress para el blog, OpenOffice.org y Scribus para el libro, Calibre para la versión en formato epub y Ubuntu Linux como sistema operativo. El contenido, en sus diversos formatos, se acoge a una licencia Creative Commons Reconocimiento – No comercial – Sin obras derivadas, que protege al autor, pero se aleja de la concepción antigua y reduccionista del *copyright*. De esta forma, cualquiera puede copiar y redistribuir estos materiales como mejor le plazca, siempre que mencione la autoría, no los altere y no pretenda lucrarse con ello.

En definitiva, en esta relación el principal beneficiado he sido yo, pues si me propuse devolver a la sociedad una parte de lo que me había dado al permitirme estudiar durante años y años lo que más me gustaba, al final he recogido aumentado lo poco que haya podido sembrar.

Por eso, a todos vosotros, gracias.

Madrid, diciembre de 2009

¿Sexismo en el diccionario?

24 de agosto de 2007

El DRAE sigue el orden alfabético, pero una alumna de la Universidad para Mayores de la Carlos III me llamó un día la atención sobre un posible caso de sexismo en la alfabetización: en los nombres de profesión aparece en primer lugar el masculino y a continuación, abreviado, el femenino:

> abogado, da.

Decía mi alumna que el orden alfabético, lógicamente, debería ser:

> abogada, do.

Se preguntaba si la alteración del orden se debía a que el oficio se asociaba típicamente a un sexo u otro. Sin embargo, no parece que influyan consideraciones de este tipo; prueba de ello es este lema, que se refiere a un oficio tradicionalmente femenino:

> partero, ra.

Resulta llamativo también que quien va por ahí concertando amores no sea *celestino, na* sino celestina a secas. Los únicos celestinos previstos en el DRAE (estos sí *celestino, na*) son los monjes de la Orden de los Celestinos. El oficio más antiguo del mundo tampoco es *puto, ta* (ya me parecía a mí...), sino que ahí también se le cede la exclusiva a la mujer (puedes buscar la palabra tú mismo si te interesa).

¿Pero de verdad es sexista el diccionario?

25 de agosto de 2007

Nos preguntábamos antes si consideraciones sexistas pueden influir en la ordenación alfabética de los diccionarios. La cuestión es por qué en ciertos lemas como *abogado, da* aparece primero el masculino (rompiendo la secuencia alfabética). El problema es un poco más complejo de lo que parece.

Palabras como *abogado* admiten diferentes terminaciones que expresan género y número. El conjunto de formas completo es:

abogado
abogada
abogados
abogadas

En el diccionario, para abreviar, se toma una forma como representante de todas. Así nos ahorramos el decir: «la palabra *abogado, abogada, abogados, abogadas*». Simplemente hablamos de la palabra *abogado*». Esto es lo que se denomina *forma canónica*. En nuestra tradición lexicográfica, para los nombres es el masculino singular; para los verbos, el infinitivo.

En el caso de los nombres de profesión el diccionario debe especificar que existe el femenino porque no siempre es así; por ejemplo, para *piloto* no hay (hoy por hoy) una forma *pilota*.

Para alfabetizar las entradas se toma en cuenta solamente la forma canónica. La terminación de femenino que aparece a continuación es una indicación adicional sobre la existencia de una forma femenina.

Con esto queda aclarado por qué el orden es *abogado, da* y no al revés. ¿Pero queda resuelta la duda de si el diccionario es sexista? En realidad, no. Solo se desplaza a un nivel superior. La forma canónica es convencional. Por ejemplo, para el verbo, en castellano, tomamos el infinitivo (*amar*), pero en latín tradicionalmente se utiliza la 1.ª persona singular del presente de indicativo (*amo*).

Así que la pregunta ahora es otra: ¿por qué tiene que ser el masculino la forma canónica?

Me suena a chino: expresiones idiomáticas e incomprensión

30 de agosto de 2007

Los más afortunados estarán a estas alturas apurando las vacaciones y seguro que se habrán encontrado durante sus viajes con que en Ámsterdam, Nueva York o Shanghai no se entiende uno con la misma facilidad que en Las Navas del Marqués, Tembleque o Alcorcón. Es lo que tiene esto del turismo.

Esta experiencia de la incomprensión está ahora al alcance de casi todo el mundo gracias al turismo, pero no es nueva y está anclada en la lengua y en la cultura en forma de expresiones idiomáticas. En español cuando no entendemos algo decimos:

> Esto me suena a chino

A los alemanes, en cambio, lo raro les suena a español:

> Das kommt mir Spanisch vor

No son los únicos que tienen esta idea de nuestro país como un lugar exótico, incomprensible. Para los checos, algo que no se entiende es *un pueblo español*:

> To je pro mě španělská vesnice

Pero las relaciones cruzadas de incomprensión entre los pueblos no se acaban ahí, porque para los alemanes eso mismo son *pueblos de Bohemia*:

> Das sind mir böhmische Dörfer

Y los polacos dicen que es como tragarse un sermón en turco:

> Być na tureckim kazaniu

Son muchas las expresiones de este tipo. La lengua incomprensible va cambiando según países y culturas. Para los franceses es el griego (*C'est du grec pour moi*) y para los ingleses también (*It's greek to me!*); para los italianos, el árabe (*Per me è arabo*); para los finlandeses, el hebreo (*Se on minulle hepreaa*). Estos son solo algunos ejemplos; se pueden encontrar diversas variantes en estas lenguas y metáforas parecidas en otras.

Volviendo a la imagen de los españoles, para los franceses *hablar francés como una vaca española* es hablarlo muy mal:

> Parler français comme une vache espagnole

Vamos, que no hay quien nos entienda (se ve que enseguida se corrió la voz por Europa de que no se nos daban muy bien los idiomas).

Eso sí, el temperamento español se ha ganado a pulso su fama en el extranjero y por eso en alemán (en inglés también) se dice de quien tiene mucho amor propio que es *orgulloso como un español*:

> Stolz wie ein Spanier!

En fin, no es lo peor que se puede ser. Esperemos que haya quedado en eso la imagen que hemos ido dando por el mundo durante estos meses de verano.

El tuteo y los tratamientos

1 de septiembre de 2007

En España el tuteo es la forma normal de dirigirse a una señora de ochenta años en un hospital:

> —María, ¿qué tal has comido?

En nuestro país hay una marcada tendencia a lo informal que tiene su reflejo en la lengua. El *usted* está completamente *out*. Ahora lo que se lleva es el *tú*.

Muchos achacan los avances del tuteo a la influencia del inglés. Como es sabido, en esta lengua no existe el equivalente de nuestros pronombres de confianza (*tú*) y respeto (*usted*), sino que con *you* se despacha a todo el mundo y además en singular y en plural (eso sí que es un pronombre bien aprovechado).

Sin embargo, esto no quiere decir que un hablante de inglés no pueda marcar estas diferencias. La cercanía o distancia entre los interlocutores se muestran por diferentes medios, entre otros, el uso del nombre (*Peter*) o del apellido (*Mr. Smith*). Esto se nota, por ejemplo, en los malos doblajes de películas que repiten hasta la náusea el nombre de pila (aunque hay que decir en su descargo que esto también está relacionado con las necesidades de la sincronización):

> —¿Disfrutaste de la cena, Mary?
> —¡Oh, Peter, fue una cena maravillosa!
> —Para mí también lo fue, Mary.
> —Era una atmósfera tan especial, Peter...
> —Nunca me había sentido antes de esta manera, Mary.

Y así sucesivamente. En inglés esto puede mostrar cercanía. En español, en cambio, es la forma más segura de que te manden al cuerno por pesado.

Probablemente, esta tendencia hacia lo informal, que va arrinconando el *usted*, más que una influencia lingüística del inglés sea una influencia cultural del estilo de vida estadounidense.

En los tratamientos se cruzan lo lingüístico y lo cultural. Una parte está anclada en la gramática, por ejemplo, la existencia (o inexistencia) de pronombres de respeto y de confianza. Otra parte tiene que ver con convenciones sociales y culturales que varían, incluso para una misma lengua, en tres dimensiones: el tiempo, el espacio y los grupos sociales.

Cuando viajamos por el mundo, esas diferencias enseguida nos llaman la atención. Cualquiera que haya estado en Alemania o en Francia se habrá dado cuenta de que se utiliza mucho más el *usted*. Y no solo eso. En Alemania grados académicos como el de doctor gozan de un prestigio que lleva a que, por ejemplo, Lufthansa o Deutsche Bahn den la opción de incluir la abreviatura *Dr.* delante del nombre en los billetes que expiden (imagínense adónde nos mandarían en Iberia o Renfe si les fuéramos con esas).

Pero dentro de los países de habla alemana también hay diferencias. En Austria hay una mayor formalidad que se refleja, por ejemplo, en el uso más frecuente de los títulos académicos en la vida diaria. No es raro que la gente ponga en el buzón o en la puerta de casa que es ingeniero o licenciado:

> Ing. Baumann
> Mag. Böhmer

Esto es algo que comparten austriacos y checos, que hablan lenguas diferentes, pero formaron parte del Imperio Austro-Húngaro.

Nunca se me olvidará la boda de mis amigos Martina y Boris. Ella era austriaca y él, alemán. Se conocieron en la República Checa y se casaron al poco tiempo en un pueblecito de los Alpes austriacos. A la boda acudieron alemanes, austriacos, checos y este español que escribe. Pues bien, la primera vez que el alcalde se dirigió a los novios durante la ceremonia lo hizo así:

> —Estimada Licenciada en Artes Müller, estimado Licenciado en Filosofía Schmidt...

A mí aquello me pareció un poco ceremonioso, pero bueno, ya se sabe cómo son estos centroeuropeos... Si la cosa hubiera quedado ahí, tampoco hubiera pasado nada. Lo que ocurre es que cada vez que el alcalde los nombraba lo hacía con el título completo. Al cabo de un rato, yo procuraba disimular, a los alemanes se les escapaba la risita, y los austriacos y checos seguían como si tal cosa. Ya hacia el final los alemanes se tronchaban de risa, los austriacos y checos los miraban con cara de pocos amigos y yo pensaba: *Esto lo tengo que contar en casa.*

Y eso es lo que estoy haciendo porque esta anécdota ilustra perfectamente cómo las diferencias en los tratamientos solo en parte son lingüísticas. El resto es social y cultural, y, por tanto, transversal a diferentes lenguas.

‘No hay tu tía’: etimología popular

5 de septiembre de 2007

La expresión coloquial actual *no hay tu tía* (‘no hay remedio’, ‘es imposible cambiar las cosas’) es un hermoso ejemplo de lo que los lingüistas denominan etimología popular.

Para que nos entendamos, la etimología popular consiste en intentar encontrarle una explicación a una expresión que no se entiende. Cuando el hablante no reconoce una estructura en una secuencia lingüística, reajusta esta para amoldarla a modelos conocidos. De esta forma se convierte en transparente lo que antes era opaco.

La expresión originaria era *no hay* ***tutía***. El hablante actual normalmente no ha oído en su vida esa palabra. El DRAE nos dice que *tutía* es *atutía*, con lo que nos deja como estábamos. Si perseveramos y buscamos *atutía*, nos enteraremos de que es óxido de zinc y de que se fabricaba un ungüento con él.

Ahora todo encaja:

> tutía = ungüento = remedio
> o sea
> no hay tutía = no hay remedio

El problema es que solo encaja ahora y el hablante necesita que todo encaje desde el principio y, si no, lo hace encajar él. Cuando se encuentra una expresión opaca, trata de hacerla transparente apoyándose en lo que conoce (*tú* y *tía*). La etimología popular surge por afán de motivación y altera la forma de las palabras.

Se me podría objetar que en realidad la expresión se oscurece, pues se pierde la metáfora del ungüento; pero es que esa metáfora ya estaba perdida de todos modos y ahora por lo menos reconocemos las palabras. Tenemos una expresión idiomática que no es ni más rara ni más normal que otras como *tomar el pelo* o *estirar la pata*.

Alguien se preguntará: «Ya, pero entonces, ¿qué es lo correcto?».

Evidentemente, la expresión vigente hoy día es *no hay tu tía*. Si vamos a buscar el sostén y guía de la Academia, no encontraremos tampoco una solución definitiva. El DRAE recoge la forma separada (por lo que hay que entender que se considera correcta), aunque remite a *no hay tutía* (junto), es decir, prefiere esta última. En cambio, en el DPD se señala como incorrecta la forma *tu tía* (separado).

Lo preferible es guiarse por el sentido común. Si la inmensa mayoría de los hablantes se ha decantado por una variante, la otra no es necesariamente más correcta por mucho que se empeñe el diccionario.

Al final, el diccionario tiene que hacer caso a los hablantes: ¡no hay tu tía!

¿Qué son las expresiones idiomáticas?

6 de septiembre de 2007

Las expresiones idiomáticas son secuencias de palabras cuyo significado no es compositivo, es decir, el significado de la expresión no se deriva del de sus componentes. Por ejemplo, cuando decimos *Manolo, que estás metiendo la pata...*, aunque conozcamos el significado de *meter* y de *pata*, seguimos sin entender lo que quiere decir *meter la pata* ('cometer un error').

Las expresiones idiomáticas significan en bloque. Esto

se ve enseguida cuando en broma (o en serio, que de todo hay) las traducimos literalmente. Un clásico es:

> From lost to the river < De perdidos al río ('cuando una situación es desesperada, ya podemos permitirnos cualquier cosa')

Estas expresiones admiten normalmente una interpretación literal y otra figurada, aunque la preferente suele ser la figurada. Cuando alguien dice que *el abuelito estiró la pata*, por lo general no interpretamos que está haciendo ejercicios para la artrosis, sino que ha muerto (vale, el ejemplo es un poco crudo, pero se entiende la idea).

Las expresiones idiomáticas son vocabulario. Expresiones *como tomar el pelo* ('burlarse de alguien'), *traer por la calle de la amargura* ('hacer sufrir') o *dar gato por liebre* ('engañar') son unidades que hay que aprender igual que lo hacemos con *subrogar, arremeter* o *persuadir*.

Esta parte del vocabulario es de lo último que se aprende en una lengua extranjera, pero resulta fundamental para expresarse no ya con corrección sino con naturalidad.

Así que ya sabes: si quieres *darle sopas con honda* en inglés al vecino, ya puedes *echar el resto* con las expresiones idiomáticas.

'Prever' y 'preveer'

7 de septiembre de 2007

Muchos hablantes dudan entre las formas verbales *pre-*

ver y *preveer*. La que hoy por hoy se considera correcta es *prever*. Es un verbo irregular que se conjuga igual que *ver*, por ejemplo:

> No se *prevén* grandes cambios en la economía en los próximos meses

> El alcalde, *previendo* un mal resultado en las elecciones, renunció a presentarse

Nótese que formas como *prevén, preví* y *previó* se acentúan (las formas correspondientes de *ver*, en cambio, no llevan tilde porque son monosílabos).

La forma normativamente incorrecta *preveer* tiene como modelo otro verbo irregular: *proveer* (este sí, correcto).

'Solo' con tilde o sin tilde

11 de septiembre de 2007

En el 95% de los casos lo correcto es escribir *solo* sin tilde. Desde que la RAE y las restantes Academias publicaron la nueva versión de la *Ortografía* en 1999, esta palabra pasó a acentuarse según las normas generales. Es decir, no lleva tilde por ser una palabra llana acabada en vocal. Hay una excepción, pero para explicarla antes tenemos que aclarar que hay dos *solos* diferentes.

El primero es un adjetivo y nunca se acentúa:

> Mariano se quedó *solo* ('sin compañía')

El segundo es un adverbio que equivale a *solamente*:

> Solo tengo 50 euros para llegar a fin de mes

Antes era obligatorio acentuar el segundo. Con la última reforma ortográfica, ya tampoco se acentúa.

¿Y cuál es la excepción? Es obligatorio acentuar *solo* en su uso adverbial cuando el no hacerlo da lugar a ambigüedad, por ejemplo:

(1) Ramiro sólo fue capaz de hacer una pizza
(2) Ramiro solo fue capaz de hacer una pizza

Estas dos oraciones se interpretan así:

(1') Ramiro solamente fue capaz de hacer una pizza
(2') Ramiro fue capaz de hacer una pizza él solito

Pero es que en estos casos lo mejor es no depender de una simple tilde. Lo que hay que hacer es redactar de forma más clara, como en las dos paráfrasis de arriba (1' y 2').

Así que, como norma general, *escribir 'solo' con tilde* solo *puede servir para meter la pata.*

La x de México

12 de septiembre de 2007

La x de *México* es un arcaísmo gráfico. Esta grafía representaba en castellano antiguo el mismo sonido que tenemos hoy en palabras de otras lenguas como, por ejemplo:

Inglés: she
Francés: chez
Gallego: *xunta*

En castellano antiguo se escribía con x no solo *México* sino también otras palabras como *Xerez, dexar* o *texer*. Este sonido no existe en castellano actual porque a partir del siglo XV se va imponiendo la pronunciación que tenemos hoy en *Jerez*.

En la ortografía de 1815 la Academia establece para estas palabras la grafía j:

> Dexar > dejar

Como suele ocurrir, quedaron rastros de la grafía antigua en los nombres de lugares (*México, Oaxaca, Texas*) y de personas (*Ximénez*).

En el caso de los nombres de lugares, es correcta la grafía con x o con j (*Texas/Tejas*), pero se prefiere la forma con x. En el caso de *México*, es incluso una deferencia hacia los mexicanos, pues ellos lo prefieren así.

Para los nombres de personas, la grafía correcta es la que se haya mantenido tradicionalmente en cada familia.

Sin embargo, una cosa es la escritura y otra la pronunciación. No debemos dejarnos confundir por la x de estas palabras, que se tiene que pronunciar como una j (muchos hablantes, por influencia de la ortografía pronuncian «ks»). Se dice:

> «Méjico»
> «Tejas»
> «Uajaca»
> «Jiménez»

Un rastro de la antigua pronunciación se encuentra en la palabra inglesa *sherry*. En la época en que los ingleses empezaron a comprar vino en Jerez, el nombre de la ciudad todavía se pronunciaba *Xerez*. Ellos llamaban a ese vino en su lengua *sherris*. Después la -s final se confundió con una forma de plural y se formó el falso singular *sherry*, que es la forma que todavía hoy se utiliza.

La-Ola-Welle

14 de septiembre de 2007

En alemán la ola (sí, la que se hace en los campos de fútbol) se llama *La-Ola-Welle*, con un compuesto mitad castellano mitad alemán. *Welle* significa precisamente 'ola', o sea, se está diciendo dos veces lo mismo. Esto es normal: el hablante alemán corriente y moliente no entiende el significado de *ola* y por eso añade un refuerzo en su propia lengua.

Mucha gente se queja de que en castellano cada vez se utilizan más palabras extranjeras (sobre todo inglesas). Es verdad que en los tiempos que corren, con la famosa globalización, el inglés ejerce una influencia cada vez mayor sobre todas las lenguas del mundo. Sin embargo, esto es solo una parte de la verdad. Hoy día cada vez son mayores las posibilidades de viajar y comunicarse. No hace tanto tiempo los españoles apenas viajaban al extranjero. Hoy es imposible pasear por el centro de cualquier ciudad importante del mundo sin oír a turistas o estudiantes de Granada, Lugo o Zaragoza. Internet hace posible comunicarse por escrito o de palabra con cualquier lugar del mundo con un coste mínimo.

Esto está estrechando los lazos entre lenguas y culturas. El inglés es el principal foco de irradiación de vocabulario, pero a menor escala las restantes lenguas del mundo se van permeando las unas a las otras. La lengua española quizá no destaque por exportar términos científicos o económicos, pero el mundo hispánico también aporta vocabulario a aquellos campos en los que destaca, por ejemplo, el fútbol. Y *La-Ola-Welle* es un granito de arena que aporta el español moderno a la lengua alemana.

LAS MAYÚSCULAS SE ACENTÚAN

14 de septiembre de 2007

Circula por ahí la especie de que las mayúsculas no llevan tilde. Sin embargo, la Academia lo desmiente expresamente en la página 31 de la *Ortografía*:

> Las mayúsculas llevan tilde si les corresponde según las reglas dadas. Ejemplos: *África, PERÚ, Órgiva, BOGOTÁ*. La Academia nunca ha establecido una norma en sentido contrario.

O SEA, LAS MAYÚSCULAS SE ACENTÚAN.

Más etimología popular: mondarinas y pelotas

16 de septiembre de 2007

Veíamos en otra entrada ('No hay tu tía': etimología popular) que la etimología popular es un fenómeno que se produce por afán de motivación: los hablantes deforman palabras o expresiones que les resultan oscuras por no reconocer en ellas una estructura y las asimilan a modelos conocidos. Así es como surge nuestra entrañable *mondarina* (forma popular que no se recoge en el diccionario).

La mandarina toma su nombre del color anaranjado del traje de los mandarines de la China. La imagen es sugerente, pero los hablantes de Úbeda o Lozoyuela no debían de tenerlo tan claro, así que buscándole una explicación a la palabreja se acordaron enseguida de *mondar*: si se *monda* con facilidad, será una *monda*rina. Ahora ya se entendía.

Encontramos otro caso de etimología popular en la expresión idiomática *en pelotas* ('desnudo'). La expresión originaria era *en pel*ota (de *pelo*, con el sufijo aumentativo *-ota*). La idea era que estar desnudo era andar por ahí con los pelillos al aire. La expresión equivalente existe también en otras lenguas románicas. Por ejemplo, en francés 'estar desnudo' es *être à poil* (literalmente 'estar en pelo').

Como la gente es muy mal pensada y eso del pelo y la pelota no quedaba muy claro, se interpretó que la pelota era eso: una pelota, una bola... Y como por motivos anatómicos (¡ejem!) no podía ser una, sino que tenían que ser dos, por ahí vino el plural *pelota*s.

Todavía encontramos un rastro de la forma original en la expresión *en pelota picada*, que no admite el plural: **en pelotas picadas*.

El quesuismo

18 de septiembre de 2007

El quesuismo consiste en sustituir el adjetivo relativo

cuyo por la secuencia *que su*. En la norma del español se considera un error. Veamos un ejemplo:

> [...] él es un jugador *que su* máxima cualidad es la de crear fútbol (*Abc*, 9-8-05)

En un texto formal como este se debería escribir:

> Él es un jugador *cuya* máxima cualidad es la de crear fútbol

Cuyo ha entrado en decadencia en la lengua actual. ¿Quién diría hoy un sábado por la tarde tomando unas cañas algo así?: «No ha venido el chico ese *cuya* novia estudia empresariales».

Los hablantes, aunque sea inconscientemente, intuyen la dualidad de *cuyo*: es relativo y, al mismo tiempo, posesivo. Por eso lo *rompen* para *sacar las piezas*.

¿Y qué es lo correcto? Pues depende. En situaciones formales, tanto orales como escritas, hay que evitar el quesuismo. En cambio, en situaciones informales (en casa, con los amigos...) *cuyo* seguiría siendo correcto pero probablemente poco adecuado.

Esto es lo mismo que preguntar: «¿Un hombre va bien vestido con traje?». En la oficina sí, pero en la playa seguramente no.

'Deber' y 'deber de'

19 de septiembre de 2007

Con el verbo *deber* se forman dos perífrasis de infinitivo diferentes. El uso estrictamente normativo es el siguiente:

a) *Deber* + infinitivo: «Debes respetar al prójimo». Expresa obligación.

b) *Deber de* + infinitivo: «Deben de ser las 10». Expresa conjetura. La utilizamos para no comprometernos con la veracidad de lo que estamos diciendo.

Existen otros dos usos cruzados que tienen diferente consideración o prestigio:

c) *Deber* + infinitivo para expresar conjetura: «Deben ser las 10». Es un uso aceptable y frecuente en la lengua culta.

d) *Deber de* + infinitivo para expresar obligación: «No debes de hablar en clase». Tiene una consideración negativa, rayando lo vulgar.

Dicho esto, no está de más recordar que uno y otro uso se vienen confundiendo desde época clásica. Quien utiliza normalmente *deber de* para expresar obligación quizás se sienta algo aliviado sabiendo que está en tan ilustre compañía como la de Cervantes:

> De manera, Lenio, que si por sus efectos tristes les condemnas, por los gustosos y alegres les *debes de absolver* (Cervantes: *La Galatea*, tomado de CORDE, 19-9-07)

Fondos 'indiciados'

19 de septiembre de 2007

Siempre que hay partido por la noche escucho Radio Intereconomía por la sencilla razón de que es la única en la que se puede oír algo que no sea fútbol. Me pasa a mí con las tertulias económicas como a mi padre con los programas de cocina de la televisión. A él, en realidad, no le gusta comer, pero se entretiene viéndolos. Y yo no tengo un duro, pero me lo paso bien oyendo hablar de dinero.

Ahora mismo estoy escuchando a un señor que habla sobre *fondos de inversión* indiciados. Esta es una forma muy común, pero no por ello está aceptada en la norma culta del español. Lo correcto es *fondos indizados* o *indexados*, que son los que tratan de seguir a un índice bursátil. El verbo *indiciar* significa 'dar indicios' o 'sospechar'. El participio *indiciado* significaba (y sigue significando en algunos países) 'sospechoso'. O sea, que un fondo *indiciado* es un fondo sospechoso.

En plena crisis de las hipotecas basura, con el dólar y las bolsas desplomándose y los inversores aterrados, esto tiene su lógica; pero en cuanto las aguas vuelvan a su cauce espero que los fondos vuelvan a ser simplemente *indizados*.

'Ti' se escribe sin tilde

20 de septiembre de 2007

El pronombre *ti* se escribe sin tilde. Siempre. No hay excepciones.

Este pronombre forma parte de una serie:

> mí - ti - sí

Los otros dos (*mí* y *sí*) se escriben con tilde porque hay palabras con las que se podrían confundir:

> Lo quiero para mí / Lo quiero para mi casa
> Lo hizo por sí mismo / Lo hizo por si venían maldades

La función de esta tilde es evitar tales confusiones. Es lo que se denomina tilde diacrítica.

¿Pero con qué se va a confundir *ti* si solo hay uno? Como no hay lugar a confusión, nunca se escribe con tilde, sino que sigue la norma general de acentuación, que dice que los monosílabos se escriben sin tilde.

Ortografía, correo electrónico, chat, messenger y SMS

21 de septiembre de 2007

Los profesores se quejan de que los alumnos cometen cada vez más faltas de ortografía. Y enseguida se señala a un sospechoso: la comunicación electrónica. ¿Quién respeta las convenciones ortográficas en un correo electrónico, en un chat, en los servicios de mensajería instantánea o en los mensajes a móviles? Parece hasta anticuado entretenerse en poner acentos, haches y comas.

Después de la queja y la acusación suele venir el lamento porque los jóvenes no leen. Sin embargo, esto es doblemente injusto. Para empezar, ¿cuándo se ha leído en España o en los países de habla hispana? Parece como si ahora los jóvenes fueran los culpables de un problema que arrastramos de antiguo. Y para continuar resulta que esta es la generación que más lee y escribe de la historia de la humanidad, solo que leen y escriben peor y más deprisa —dicen unos— o simplemente de otra forma —dicen otros—. En la comunicación electrónica se desdibujan las fronteras entre lengua oral y lengua escrita. El medio es escrito pero la rapidez, la espontaneidad, la falta de planificación son propias de lo oral.

La memoria visual es fundamental para fijar la escritura. El ver una y otra vez una palabra escrita correctamente ayuda a que su forma se grabe en la mente. Esto, unido al refuerzo que supone el escribirla correctamente, contribuye al aprendizaje ortográfico.

Lógicamente, si leemos y escribimos con incorrecciones y, sobre todo, si esto se convierte en un hábito, es muy difícil que retengamos la imagen correcta. Si esto te da igual, no hace falta que sigas leyendo, pero si la ortografía te parece importante te voy a dar un consejo: no escribas nunca con faltas de ortografía.

Nunca, de verdad. Aunque sea un correo electrónico, aunque vayas con prisa, aunque estés ligando en el messenger y no tengas tiempo para diccionarios, aunque estés dándole a la tecla del móvil... Al final no sabrás si *burro* es con be o con uve.

Tampoco estaría de más pedir que no nos envíen mensajes con faltas de ortografía. Es una cuestión de higiene ortográfica.

'Volver a repetir': la redundancia

27 de septiembre de 2007

Es muy frecuente oír expresiones como:

> —Juanito, ¡no te lo voy a volver a repetir!

Este es un caso de lo que se denomina redundancia, que

consiste en presentar la misma información por partida doble. En la oración anterior hubiera bastado con decir:

—Juanito, ¡no te lo voy a repetir!

Repetir ya significa 'decir de nuevo', por lo que *volver* resulta redundante. Estas expresiones surgen por afán de expresividad, para compensar el desgaste de ciertas formas. A la madre que dice la oración del primer ejemplo le *sabe a poco* el verbo *repetir* para expresar la idea de reiteración y por eso lo refuerza con *volver a*.

La norma por lo general rechaza las expresiones redundantes. No obstante, cuando se asientan pueden llegar a convertirse en correctas. Por ejemplo, el pronombre *conmigo* surge históricamente por refuerzo de una forma ya desgastada. Hoy es la única posibilidad correcta: nadie dice *con mí*.

DPD: Diccionario panhispánico de dudas

28 de septiembre de 2007

El *Diccionario panhispánico de dudas* (DPD) es una obra de la Real Academia Española en colaboración con las otras 21 Academias de la Lengua Española. Su objetivo es solucionar las principales dudas e inseguridades que se presentan en el uso del castellano.

La primera edición es de 2005. Existen dos versiones:

a) En papel: Real Academia Española y Asociación de Academias de la Lengua Española. *Diccionario panhispánico de dudas*. Madrid: Santillana. 2005.

> b) Electrónica: contiene íntegro el texto de la versión en papel y se puede consultar gratis en Internet en la página web de la RAE.

El DPD abandona el concepto de norma centrada en Castilla y da cuenta de la variedad de usos aceptables en los distintos territorios de habla española. Lo que es correcto en Madrid no lo es necesariamente en Lima o Caracas. Por ejemplo, la forma de confianza *vosotros* solo se utiliza en España (y ni siquiera en todo el país). En otros lugares la forma corriente es *ustedes*:

> Frente a *ustedes* [...], *vosotros* es la forma empleada en la mayor parte de España para el tratamiento informal; [...]. Esta forma pronominal, así como las formas verbales de segunda persona del plural que le corresponden (*calláis, bebíais, escribisteis, saldréis,* etc.), carecen de uso en América y en algunas áreas meridionales españolas, como Canarias y Andalucía occidental, donde para el tratamiento informal en plural se emplea *ustedes* (DPD: vosotros).

Es decir, si a un hablante mexicano le diera por tratar de *vosotros* a sus amigos, vecinos y hermanos, no estaría *hablando bien* porque este no es el uso común en su variedad de español.

En definitiva, esta obra trata de resaltar la unidad en la diversidad y de conformar una norma policéntrica que dé acomodo a la amplia comunidad de hablantes de castellano.

El DPD no es exhaustivo. Solo contiene unas 7 000 entradas dedicadas a las dudas más comunes. En su elaboración se tuvieron en cuenta las consultas que reciben a diario las Academias (por ejemplo, las que le llegan a la RAE a través de su formulario electrónico).

Algunas de las soluciones que propone pueden resultar discutibles. A veces no se hace eco del uso, sino que trata de crearlo. Por ejemplo, para el anglicismo *gay* se recomienda la pronunciación [gái], aun reconociendo que lo normal es pronunciarlo a la inglesa. Habrá que ver si arraiga.

En cualquier caso, el DPD representa una guía imprescindible no solo para profesionales de la lengua como profesores, periodistas o traductores, sino también para cualquier persona interesada en hablar y escribir correctamente.

¿Qué es saber gramática?

30 de septiembre de 2007

Si yo me voy a preguntarle a mi madre si ella sabe gramática, probablemente me mandará a freír espárragos porque ya me tiene dicho que ella, de gramática, nada. Pero eso solo es cierto en parte.

Hay al menos tres sentidos diferentes de 'gramática', aunque el hablante de andar por casa esto no lo sabe y no tiene por qué saberlo:

a) Hay una gramática que es un conocimiento implícito que posee cualquier hablante de una lengua

b) Hay una gramática descriptiva

c) Hay una gramática normativa.

Cualquier hablante de cualquier lengua del mundo, con estudios o sin ellos, posee un conocimiento gramatical como conocimiento implícito. Es decir, domina una serie de reglas que rigen su forma de hablar, pero no sabe que las sabe. Mi madre, por más que se empeñe en que no sabe gramática, nunca se equivocará con el subjuntivo. En cambio, un hablante extranjero después de años y años de estudiar el subjuntivo sigue tropezando en esa piedra. Es más, mi madre (que cree que no sabe gramática) se dará cuenta inmediatamente del tropiezo y corregirá al pobre estudiante (*Eso no se dice así, se dice asá*). Pero si le preguntamos por qué se dice así y no asá, será ella la que se encuentre en apuros. Le estamos exigiendo otro tipo de conocimiento gramatical que solo poseen algunas personas, que lo han adquirido mediante el estudio.

El conocimiento gramatical implícito se puede hacer explícito mediante la introspección y la observación: entramos en el terreno de la gramática descriptiva. A poco que empecemos a examinar una lengua nos daremos cuenta de que hay una serie de regularidades que podemos formular como reglas. Las primeras gramáticas surgen por un hecho tan sencillo como que alguien se sienta una tarde de verano a la orilla del río y empieza a preguntarse:

> ¿Por qué algunas palabras admiten varias terminaciones (*niño, -a, -os, -as*) y otras no (*para, exactitud*)?

> ¿Por qué puedo decir *un guisante, dos guisantes, tres guisantes* pero no *una harina, dos harinas, tres harinas*?

Cada vez que damos con la respuesta podemos formular una regla que da cuenta de múltiples casos. Progresivamente, vamos estando en condiciones de responder a más preguntas y de formular reglas más elaboradas.

La gramática descriptiva se limita a describir la lengua tal como es, tal como la usan los hablantes, sin entrar en consideraciones sobre lo correcto y lo incorrecto. Esto último es el terreno del tercer tipo de conocimiento gramatical.

Algunos hablantes dicen *Se me ha caído el vaso*; y otros, *Me se ha caído el vaso*. Una gramática descriptiva se limitará a tomar nota de las dos variantes. Una gramática normativa, ante esta variación, dictará reglas prescriptivas, o sea, dirá: «La primera forma es correcta; la segunda, incorrecta».

No hay que perder de vista que en la gramática normativa hay siempre un cierto grado de arbitrariedad. Lo que se hace es seleccionar una posibilidad entre varias que también serían viables, de manera semejante a como en la Europa continental hemos decidido que se circula por la derecha, aunque sería perfectamente posible hacerlo por la izquierda y, de hecho, así es en Gran Bretaña, Nueva Zelanda o Japón.

La norma es convencional, pero eso tampoco significa que nos la podamos saltar tranquilamente. El circular por la derecha o por la izquierda también es convencional, pero una vez que se ha adoptado la norma si decidimos ir al revés de todo el mundo las consecuencias no se harán esperar.

En cuestión de lengua, en cualquier caso, es necesario conocer la norma porque solo así tendremos libertad para decidir si la respetamos o si nos la saltamos. De lo contrario, no hay elección, sino que nos vemos limitados a expresarnos de la única manera que sabemos y podemos.

La combinación de preposiciones 'a por'

1 de octubre de 2007

Los hablantes de español de América muchas veces se sorprenden cuando oyen decir en España: «Voy *a por* el pan».

La combinación de preposiciones *a por* es una particularidad del español de España (y ni siquiera de todas las variedades españolas). La inmensa mayoría de los hablantes dirían simplemente: «Voy *por* el pan».

Esta combinación estuvo condenada tradicionalmente por la norma pero hoy se considera ya correcta en el uso peninsular. Permite a quienes la utilizan expresar algunas diferencias de significado:

> Voy a la universidad *a por* mis hijos
> ('Voy a recogerlos')
> Voy a la universidad *por* mis hijos
> ('Voy porque se han empeñado')

El combinar preposiciones no tiene en sí nada de malo.

Estos son algunos pares que se han considerado correctos tradicionalmente:

> Hemos de tener respeto *para con* los mayores
> Salieron todos corriendo *tras de*l jabalí

E incluso se pueden agrupar tres. Véase, si no, este ejemplo clásico:

> Salió *de por entre* los árboles

El acumular preposiciones tampoco es algo nuevo. Históricamente, algunas de nuestras preposiciones actuales surgen de la amalgama de preposiciones latinas:

> para < per ad (compárese el catalán *per a*)
> desde < de ex de

En resumen, que puedes ir tranquilamente a por el pan, a por tus hijos y a por lo que te parezca. No le des más vueltas.

Punto, coma, millares y decimales

2 de octubre de 2007

El uso tradicional español (que coincide con el de la Europa continental y otros muchos países) consiste en utilizar el punto como separador de millares y la coma como separador de decimales, o sea:

> 1.000,3 (*mil coma tres*)

En los países anglosajones la tradición era precisamente la contraria: coma para millares y punto para decimales:

> 1,000.3 (*mil punto tres*)

Como esto daba lugar a confusiones, se creó la norma ISO 31:1992 para unificar la práctica a escala internacional. Desde entonces se utiliza un espacio en blanco para separar millares y, preferentemente, una coma para los decimales (aunque también se admite el punto):

> 1 000,3 (preferido)
>
> 1 000.3 (aceptable, sobre todo en los países donde es la tradición)

La *Ortografía* académica de 1999 ya se hace eco de esta norma:

> Aunque todavía es práctica común separar los millares, millones, etc., mediante un punto (o una coma en algunos lugares de América), la norma internacional establece que se prescinda de él. Para facilitar la lectura de estas expresiones, especialmente cuando constan de muchas cifras, se recomienda separarlas mediante espacios por grupos de tres. Por ejemplo: *4 829 430*. [...] Es aceptable, de acuerdo con la normativa internacional, el uso del punto para separar la parte entera de la parte decimal en las expresiones numéricas escritas con cifras. Por ejemplo: *3.1416*. Pero en este caso es preferible el uso de la coma (*Ortografía*, p. 52).

El uso tradicional sigue teniendo bastante vitalidad. Sin ir más lejos, diarios con tanta difusión como *El País* o *Abc* se atienen a él (así lo exigen sus respectivos libros de estilo), por ejemplo:

> [...] el Gobierno prevé elevar un 10,1%, hasta 14.085,29 millones, el gasto en otras prestaciones económicas de la Seguridad Social [...] (*Abc*, 26 de septiembre de 2007).

No obstante, conviene que nos vayamos acostumbrando al uso unificado: espacio para separar millares, coma (o punto) para separar decimales. Esto favorece la comunicación a escala mundial.

Son excepciones a esta regla los números de año y página.

Blog, bloc, cuaderno de bitácora

2 de octubre de 2007

Me cuenta mi amigo Cecilio que a mucha gente esto de *blog* le suena a *bloc*, y la cosa tiene su lógica. Un blog es un diario personal en el que se van anotando pensamientos, noticias, ocurrencias, etc. Normalmente, las entradas aparecen listadas en orden cronológico inverso. O sea, que al fin y al cabo se trata de eso: de una especie de cuaderno electrónico que se publica en Internet. Hasta tal punto tiene lógica, que en catalán esta es la solución que se ha adoptado oficialmente, como veremos.

La forma *bloc* es un buen ejemplo de etimología popular: el hablante castellano se encuentra con una palabra que le resulta extraña y la asimila a otra que le resulta familiar.

Como casi todo en Internet, la palabra *blog* tiene su origen en inglés. Surge por acortamiento de *weblog*, que, a su vez, es un compuesto de *web* y *log(book)*. Este último era el libro de los barcos en el que se iban anotando las incidencias de la navegación. En los barcos antiguos se guardaba junto al timón, en la bitácora, que era la caja de madera en la que iba montada la aguja de marear. De ahí la versión castellana: cuaderno de bitácora. En inglés, el recorrido del término se puede resumir así:

Web + log(book) > weblog > blog

En español tenemos dos nombres que compiten (al menos teóricamente; en la práctica, sin lugar a dudas predomina la forma inglesa):

Blog/(cuaderno de) bitácora

En catalán, el Termcat (el centro de terminología para la lengua catalana) adoptó oficialmente en 2005 la forma *bloc*. Se consideró que la etimología popular (la imagen del bloc de notas) y la pronunciación [blók] motivan suficientemente esta forma.

¿Y la Academia qué dice? Ni sí ni no sino todo lo contrario. Quien quiera, que lea el artículo sobre bitácora en el DPD y, si entiende cuál es la postura académica, que vuelva y nos lo explique a todos.

El sentido común nos dice que la forma de uso corriente es *blog* y que este es el típico caso de palabra extranjera que viene a cubrir un vacío léxico. Hasta los puristas acérrimos suelen considerar que estos extranjerismos están justificados.

Verbos con doble régimen: 'contestar'

3 de octubre de 2007

Me plantea Cecilio otra cuestión. ¿Qué es lo correcto?: *contestar a una pregunta* o *contestar una pregunta*.

La respuesta es fácil para empezar: las dos formas (con preposición y sin ella) son correctas. Pero no es tan fácil para seguir.

El verbo *contestar* admite dos regímenes diferentes cuando significa 'dar respuesta a la pregunta, llamada o comunicación de alguien' (DPD: contestar). Algo parecido ocurre con otros verbos, que en ciertos usos admiten un doble régimen, con y sin preposición:

> Advertir algo a alguien *y* advertir de algo a alguien
> Cuidar algo/a alguien *y* cuidar de algo/de alguien

Sin embargo, esto es la excepción y no la regla. Por lo general, la norma admite un único régimen para un mismo verbo (siempre que se mantenga constante el significado). Así, decimos:

> Insistir en algo (*pero no* insistir algo)
> Renunciar a algo (*pero no* renunciar algo)
> Prescindir de algo (*pero no* prescindir algo)

Suprimir la preposición regida por el verbo se considera entonces una incorrección. Como este es un fenómeno frecuente, ha recibido incluso una denominación: queísmo.

Película con secuelas

5 de octubre de 2007

Hay un neologismo que se va abriendo paso en castellano: *secuela* en el sentido de 'continuación de una película' (segunda parte, tercera, etc.). Por ejemplo:

> El joven actor Shia LaBeouf, protagonista [...] de la nueva *secuela* de Indiana Jones, [...] desveló el título de la cuarta entrega de la célebre saga cinematográfica [*El País*, 11-9-2007]

La palabra *secuela* traduce aquí el inglés *sequel*. Se trata claramente de un falso amigo: se sustituye el término inglés por la palabra que suena más parecida en español, aunque su significado sea diferente. *Secuela* es más bien el daño que nos deja una enfermedad.

Si el uso como 'continuación de una película' está triunfando no es solamente por dejadez de los traductores sino también —y sobre todo— porque llena una laguna léxica. En ciertos contextos se siente la necesidad de disponer de una denominación específica e inequívoca para esas segundas, terceras y cuartas partes.

Y ahora ya no solamente hay secuelas. Además se ha inventado la *precuela* (también un invento inglés trasplantado a nuestra lengua):

> Brian de Palma ya tiene a sus dos finalistas para encarnar a Al Capone en la *precuela* de «Los Intocables» [*El País*, 23-2-2007]

La *precuela* es lo contrario de la secuela: una película que se rueda después de otra pero con una trama que antecede a la primera (como se hizo con la cuarta, quinta y sexta entregas de *La guerra de las galaxias*, que son *precuelas* de los tres episodios que ya se habían rodado).

Ya estoy oyendo la pregunta: ¿pero qué es lo correcto? Desde luego, *secuela* no aparece en el diccionario de la Academia con este sentido; y *precuela*, ni con ese ni con otro. Se pueden encontrar, sin duda, soluciones más elegantes e idiomáticas (aunque menos precisas). Lo que es seguro es que, si los hablantes se empeñan, la secuela y la precuela cinematográficas acabarán entrando en el diccionario.

Y que todas las secuelas que nos queden sean como esas.

Billón estadounidense, billón español y millardo

6 de octubre de 2007

Un billón en Estados Unidos y en España no son lo mismo. Aquí, y en gran parte del mundo, un billón equivale a un millón de millones:

1 billón = 1 000 000 000 000

El billón estadounidense es más modesto: se queda en mil millones (1 000 000 000). El problema viene en las traducciones, como aquí:

> «Estos 100 estados, que representan a *casi 4,5 billones de personas*, han subrayado así su intención de proteger a su población de los problemas derivados del tabaco», ha declarado el director general de la OMS, el doctor Lee Jong-wook [*El Mundo*, 29-3-2004]

Teniendo en cuenta que la población mundial es de unos 6 000 millones de personas, en la cita anterior sobran unos cuantos. O eso, o hay que entender que son billones estadounidenses mal traducidos. Entonces sí que cuadra todo, porque estaríamos hablando de 4 500 millones de personas (si la población de la Tierra se midiera de verdad en billones, andaríamos un poco apretados).

Para terminar de complicar las cosas, tenemos el millardo. En otros países, como Francia o Alemania, un millardo son mil millones (o sea, el famoso billón estadounidense). La Academia propuso esta palabra, pero de momento no parece que cuaje. A día de hoy, si hacemos una búsqueda en Internet con San Google bendito, veremos que *millardo* aparece en 64 000 documentos. No está mal, dirán algunos. Pero es que *mil millones* (búsqueda exacta) arroja más de 2 millones de resultados. La diferencia es abrumadora e indica una preferencia clara por la segunda.

Por si sirve de consuelo, los que peor lo tienen son los británicos. Su uso tradicional es como el nuestro; pero, quieras que no, se ha ido imponiendo el billón de allende los mares, así que no siempre queda claro a qué se refieren estas cantidades.

Números de año y página no llevan punto

7 de octubre de 2007

En mi calle hay un bar con este rótulo en la puerta:

> Casa fundada en 1.989

Esto es un error ortográfico o, más bien, ortotipográfico. La convención es que los números de año se escriben sin punto. Lo que debería haber escrito el rotulista es:

> Casa fundada en 1989

En realidad, los millares ya no llevan punto sino un espacio en blanco; pero en este caso ni siquiera eso: los números de año se escriben seguidos, sin puntos ni espacios.

Esto mismo se aplica a los números de página. La convención es escribir:

pp. 2384-2412

Las posibilidades que se presentan para equivocarse aquí son menos porque los libros suelen tener menos de mil páginas.

Este es un caso de ultracorrección ortotipográfica, es decir, nos equivocamos por pasarnos de correctos; como en las siete y media, que o te pasas o no llegas.

Origen de 'conmigo'

8 de octubre de 2007

¿Te has preguntado alguna vez por qué decimos *conmigo* y no *con mí*? La explicación es de tipo histórico.

Etimológicamente, decir *conmigo* (o *contigo* o *consigo*) es decir dos veces lo mismo. La terminación *-go* es lo que ha quedado de la erosión fonética y semántica de la preposición latina *cum* 'con'. Digo *preposición*, pero en realidad sería más exacto hablar de *posposición*, puesto que se posponía al pronombre. En latín, *conmigo* se decía:

mecum (< me + cum)

Esta forma constaba del pronombre *me* y la posposición *cum*. Como la terminación *-cum* se iba desgastando y se iba percibiendo cada vez menos la idea de 'con', se le empezó a añadir como refuerzo otra vez la preposición, pero, esta vez sí, como preposición, es decir, precediendo al pronombre *me*; por así decir, haciendo un bocadillo:

mecum > micu(m) > migo > *con*migo

Por eso hoy decimos *conmigo* y no *con mí,* que es lo que cabría esperar, igual que decimos *con nosotros, sin mí, para mí, a mí,* etc. Fíjate en que en italiano, por ejemplo, se dice *con me.*

La forma intermedia *migo* no está documentada. Los filólogos llegan a ella por reconstrucción. Esto es algo muy normal en la lingüística histórica.

Pronunciación de palabras extranjeras

10 de octubre de 2007

En la pronunciación de los extranjerismos, globalmente, más que de normas, podemos hablar de tendencias y usos. No obstante, en los casos concretos sí que puede haber norma. Me plantea mi amiga y ex alumna Nieves un caso muy interesante: el de *élite.* Para este galicismo coexisten tres pronunciaciones:

a) [élite] (esdrújula)
b) [elíte] (llana)
c) [elít] (a la francesa)

Digo que es interesante porque aquí se resumen las tres posibilidades de pronunciación de los extranjerismos:

a) Una pronunciación castellanizada a partir de la grafía, o sea, leerlo como si fuera español

b) Una pronunciación castellanizada que no coincide ni con la grafía ni con la pronunciación en la lengua original

c) Una pronunciación lo más cercana posible a la de la lengua original

En el uso existe una clara preferencia por *élite* (al menos en España); la pronunciación llana *elite* es minoritaria; y la pronunciación a la francesa se siente como pedante.

En la norma encontramos dos posibilidades: se consideran correctas *élite* y *elite*. La Academia patrocinó activamente la forma llana, pero ha acabado por reconocer que tiene mayor aceptación la esdrújula y ya la da como preferente. Esto se refleja en el orden en que aparecen en el lema del artículo correspondiente en el DRAE:

élite o elite

El DPD acepta las dos pronunciaciones pero aclara que es más frecuente *élite*.

En español hay una tradición de pronunciar los extranjerismos según la grafía como si fueran palabras autóctonas. Esta es la posibilidad a) de arriba. Compartimos tal costumbre con otras lenguas de nuestro entorno como el inglés y el francés.

En cambio, en otras lenguas, como el alemán, se valora el conseguir una pronunciación fiel al original o, al menos, lo más cercana posible. Esto también tiene sus límites. Es imposible conocer la pronunciación de todas las lenguas y no siempre es fácil imitarla. A veces los locutores de las noticias sudan tinta china para nombrar a los mandatarios de los diferentes países en las cumbres de la Unión Europea.

En los últimos años se aprecia en España un mayor interés por mantener la pronunciación original (posibilidad c), sobre todo para el inglés. El resultado muchas veces son pronunciaciones *made in Spain* (posibilidad b), o sea, pronunciaciones que son en realidad invento nuestro; por ejemplo, *Tom Cruise* pronunciado «Tom Cruis» (en lugar de «Crus», que sería lo más cercano a la pronunciación inglesa).

Un poco irritante es la manía de pronunciar a la inglesa todo lo extranjero. Así, al pobre *Paul Klee* (que era de un pueblo de al lado de Berna y no de Milwaukee), le convierten en «Pol Kli», cuando bastaría con leer tal cual «Paul Klee» para que saliera una forma cercana al original. Al primer presidente del Banco Central Europeo, *Wim Duisenberg*, muchos le llamaban en España «Uim Díusenber». La pronunciación a la holandesa hubiera dado (en versión española) algo así como «Bim Dóisemberj», con jota al final (muy complicado). Otros, en cambio, preferían atenerse a nuestra socorrida tradición de leer el nombre como se escribe.

Etimología de 'cátedra' y 'cadera'

11 de octubre de 2007

Los nombres *cátedra* y *cadera* son cognados, es decir,

son hermanos desde el punto de vista etimológico porque proceden de la misma palabra; pero uno es un hermano más distinguido y el otro, más campechano, más de andar por casa. Los dos proceden en última instancia del griego *kathédra* 'asiento', pero el uno por la vía culta y el otro por la popular.

Cátedra pasa al castellano a través de la versión latina de la palabra griega:

Gr. *kathédra* > lat. *cáthedra* > cast. *cátedra*

Una cátedra es una silla, un asiento. La *iglesia catedral* es aquella donde tiene su asiento el obispo. Y un *catedrático* es un señor (hoy, por suerte, también puede ser una señora) al que le han puesto una silla en la universidad para que enseñe.

La relación de la silla con los obispos y los catedráticos resulta evidente: es el símbolo de su dignidad porque es el lugar desde el que se ejerce. La historia de nuestra *cadera*, en cambio, es un poquito más complicada.

Para empezar, su origen no es el cultismo helenizante *cathedra* del latín clásico sino la versión vulgar:

Gr. *kathédra* > lat. clás. *cáthedra* > lat. vulg. *cathégra* > cast. *cadera*

¿Y cómo llegamos desde el asiento hasta la cadera? Por metonimia. La metonimia no es solo una figura retórica sino también (y en primer lugar) un poderoso mecanismo conceptual basado en relaciones de contigüidad. La metonimia está en la base misma de nuestra forma de ver y entender el mundo, de ahí que tenga rendimiento en ámbitos tan diversos como la literatura y la evolución histórica del léxico.

Desde el asiento, se van a producir dos desplazamientos metonímicos basados en la contigüidad física. Para empezar, ¿cuál es la parte del cuerpo que está pegada al asiento? Sí, señor, efectivamente:

> 'Asiento' > 'trasero, nalga'

En latín vulgar se empezó a utilizar *cathegra* para referirse a las nalgas porque eran la parte del cuerpo que se apoyaba en la silla. Nos vamos acercando.

A continuación se produce un segundo desplazamiento. A los lados de las nalgas tenemos el saliente de los huesos de la pelvis:

> 'Nalga' > 'saliente de los huesos de la pelvis'

Ya hemos llegado: esta es la *cadera* del castellano.

Influencia de la ortografía en la pronunciación

12 de octubre de 2007

La palabra escrita, por su valor cultural, goza de un enorme prestigio. La mayoría de los hablantes tienen interiorizado el prejuicio de que la lengua escrita es la *correcta*, mientras que lo oral acumula desviaciones respecto de ese patrón. Por eso, la ortografía influye a menudo en la pronunciación. El filólogo venezolano Ángel Rosenblat se refería a este tipo de prejuicios como *el fetichismo de la letra*.

En realidad, la lengua es primariamente oral, es palabra hablada. Y esto es así tanto en la historia de los individuos como en la de las comunidades lingüísticas. Las personas aprenden primero a hablar. Algunas, no todas, aprenden después a escribir. Lo mismo vale para la comunidad en su conjunto. Todas las lenguas se hablan en primer lugar. Solo algunas de ellas (ni siquiera la mayoría) llegan a escribirse con el tiempo. No conviene perder de vista tampoco que muchas lenguas se hablan, pero no se escriben; mientras que no hay ninguna que solo se escriba sin hablarse y solo se haya escrito durante toda su historia.

La interferencias de la ortografía en la pronunciación del castellano son numerosas. Un ejemplo clásico es la reposición de los grupos consonánticos cultos (*-ct-*, *-gn-*, *-pt-*, etc.) por la Academia en el siglo XVIII, que contribuyó a asentar su pronunciación. En el español clásico eran frecuentes grafías y pronunciaciones como *benino, efeto, conceto*:

> [...] aquellos á quien Dios nos hizo tanto bien que nos puso debajo de cetro de Príncipe tan *benino* [Hernán Cortés: Carta a Sebastián Caboto, tomado de CORDE, 12-10-2007]

Las vacilaciones en la grafía y la pronunciación eran constantes; pero una vez que la ortografía académica repone definitivamente esos grupos de origen latino en la escritura, los hablantes se sienten en la obligación de pronunciarlos. Fíjate en que hoy, precisamente, hay una gran variación en la pronunciación de esos grupos. Por ejemplo, los hablantes vacilan para *acto* entre «ákto», «ázto», «átto» y hasta «ájto».

También por influencia de la grafía muchos hablantes pronuncian «téksas» (*Texas*) o «siménez» (*Ximénez*) donde la norma y la tradición piden una buena jota (véase La x de México).

La equis nos da guerra también en posición final de sílaba: *texto, expediente*. Lo más natural en castellano es pronunciar aquí simplemente una ese («tésto», «espediénte»). No solo es natural, sino que es perfectamente correcto. Sin embargo, muchos hablantes creen que es *menos correcto* y se esfuerzan (con diferentes grados de éxito) en pronunciar «ks». Esa es una pronunciación que normalmente se reserva para el habla formal o enfática.

A veces asoma también por ahí la pronunciación de v, sobre todo en la lectura, como hacían algunos maestros en los dictados (también para ayudar a los alumnos un poquito). En castellano estándar no hay diferencia alguna en la pronunciación entre b y v.

Hablantes de variedades seseantes del español intentan a veces diferenciar ese y ce o reponer las eses en posición final de sílaba (*estantes*), en contra de lo normal y adecuado en su variedad. De hecho, una consecuencia más del prejuicio generalizado a favor de lo escrito es que las variantes con una pronunciación más próxima a la ortografía tienden a considerarse *más correctas*.

También los signos de puntuación influyen en nuestra manera de hablar y nos inducen en ocasiones a introducir pausas erróneamente en la lectura. Por ejemplo, se escribe *sí, señor* porque una regla de puntuación exige que los vocativos se separen con comas; pero no debemos detenernos entre esas dos palabras (y, de hecho, no lo hacemos en el habla espontánea). A todos nos han enseñado que los signos de puntuación sirven para representar en la escritura las pausas de la lengua oral. Esto era verdad en la Edad Media. Hoy ya no lo es tanto. Pero de eso ya nos ocuparemos otro día.

Etimología de 'mandarina'

14 de octubre de 2007

Coromines nos da la siguiente etimología de *mandarina* en el *Breve diccionario etimológico de la lengua castellana*:

> *Mandarina* 'especie de naranja', [...] probablemente de *mandarín* por alusión al color del traje de este.

Esta etimología se basa en la metonimia. La mandarina se introduce en Europa en el siglo XIX procedente de China. Podemos identificar a partir de este dato una primera relación metonímica de contigüidad espacial: las mandarinas vienen del país de los mandarines.

Hay una ulterior metonimia que tiene que ver con el color, que es el mismo. El traje del mandarín y la cáscara de la mandarina son de color anaranjado.

Estas relaciones no debían de resultar evidentes para

muchos hablantes. De ahí que surgiera la forma no normativa *mondarina* por etimología popular.

'El arma': determinante masculino ante nombre femenino

16 de octubre de 2007

¿Por qué decimos *el arma, el águila* y no *la arma, la águila*? La regla general es que los sustantivos femeninos que empiezan por a tónica van precedidos por la forma masculina del determinante. Pero cuidado, porque esta regla tiene varias restricciones.

Primera restricción (y muy importante): solo se aplica a cuatro determinantes:

El: el arma
Un: un arma
Algún: algún arma
Ningún: ningún arma

Es fácil darse cuenta de que se trata en realidad de los determinantes *el* y *un* y los que *llevan dentro 'un'* (o sea, *algún* y *ningún*). La norma no acepta este tipo de construcciones con el resto de determinantes. Se considera incorrecto, por ejemplo, *De este agua no beberé*. La norma exige que se diga y se escriba:

De *esta agua* no beberé

Segunda restricción: la regla solo se aplica al singular, como se puede ver en el siguiente ejemplo:

Uno de los problemas más graves que tenemos en el municipio

> (relacionados con *el agua*) es el vertido de *las aguas* residuales en los ríos [...] [*La Unión de Morelos*, 15-10-2007]

En el ejemplo anterior, aparece primero *agua* en singular con el correspondiente artículo en forma masculina; pero a continuación, con la forma plural del mismo sustantivo, el determinante aparece en femenino.

Tercera restricción: el determinante y el sustantivo tienen que ocupar posiciones contiguas. En el momento en que se interpone cualquier elemento entre uno y otro, el determinante vuelve a la forma femenina, que es la que le correspondería normalmente:

> Dos profesores y tres estudiantes [...] han resultado heridos al ser tiroteados por un adolescente que [...] se ha quitado la vida con *la misma arma* [*El País*, 10-10-2007]

En el ejemplo anterior sería incorrecto escribir *con el mismo arma* (aunque este uso es, sin duda, muy frecuente).

Cuarta restricción: la regla no se aplica a femeninos de nueva creación, es decir, no es productiva en la lengua actual. Pensemos en el sustantivo *árbitro*. Tradicionalmente, solo se utilizaba en masculino. La formación del femenino *árbitra* es relativamente reciente. En principio, debería seguir la misma regla que los otros sustantivos femeninos que empiezan por a tónica; pero no lo hace. En lugar de eso, decimos *la árbitra*:

> *La árbitra* brasileña más mediática posará desnuda para el «Playboy» [*20 Minutos*, 19-6-2007]

Es importante no perder de vista que estos sustantivos

son femeninos a todos los efectos. Esto quiere decir que cualquier elemento que tenga que concordar con el sustantivo (aparte de los mencionados determinantes *el, un, algún* y *ningún*) lo hará en femenino, como ocurre con el adjetivo *canina* en el siguiente ejemplo:

> Llegaron al pueblo muy fatigados, con un *hambre canina* [Josep Pla: *La calle estrecha*]

Este ejemplo, ya de paso, nos viene bien para darnos cuenta de que la aparición de la forma masculina del artículo tiene que ver con la pronunciación y no con la grafía: la hache no se pronuncia y, por tanto, no afecta a la aplicación de la regla.

La regla, aparte de estas restricciones, tiene sus excepciones (como toda regla que se precie). Se utiliza el artículo femenino con:

a) Nombres de letras: *la hache, la alfa*.

b) Nombres de mujer (en aquellos contextos en que pueden aparecer con artículo):

> Esta no es *la Ana* que yo conocía

Nótese que el mismo nombre puede comportarse de manera diferente dependiendo de si es nombre de mujer o no: *El África subsahariana* (nombre de continente), pero *La África de la que hablabas no es la misma que yo conozco* (nombre de mujer).

c) Nombres de países y ciudades: aquí se tiende a utilizar la forma femenina:

> Una noche, en viaje ya de regreso a España, recordé a Ávila, *la*

> *Ávila* única [...] [Miguel Delibes: *La sombra del ciprés es alargada*]

> Durante su último viaje por Austria, el papa Benedicto XVI ha vuelto a insistir en *la Austria católica* [...] en una repetida proposición [...] [*El Universal* (México), 25-9-2007]

Este fenómeno tiene una explicación histórica que expondremos en otro momento.

Etimología de 'siesta'

17 de octubre de 2007

Siesta viene de *hora sexta*, la del centro del día. En el siguiente ejemplo, *siesta* tiene simplemente este valor temporal:

> El medio dia passado, fue *la siesta* viniendo [*Libro de Alexandre*, 1240-50, tomado de CORDE]

Todavía hoy, *siesta* se utiliza con este significado.

Como a esa hora la gente se echa un ratito a dormir, se empezó a llamar *siesta* a esa cabezadita. Detrás de esta denominación hay una metonimia: la actividad (o, en este caso, más bien, falta de ella) toma su nombre de la hora del día en que se desarrolla:

> *Siesta* 'parte del día' > *siesta* 'sueño tomado en esa parte del día'

La siesta no solo es una institución hispánica, sino que se ha convertido en una palabra internacional que ha pasado a lenguas tan diversas como el inglés (*siesta*), francés (*sieste*), alemán (*Siesta*), danés (*siesta*), húngaro (*sziesz-ta*) o polaco (*sjesta*), por solo citar algunas.

El leísmo

19 de octubre de 2007

El leísmo es un uso antinormativo que consiste en utilizar el pronombre *le(s)* para el complemento directo:

> Comenta que las autoridades *les* recogieron en la playa [*Abc,* 22-9-2007]

En el ejemplo anterior, la norma hubiera exigido escribir:

> Comenta que las autoridades *los* recogieron en la playa

El sistema etimológico de pronombres personales átonos (es decir, el heredado del latín) únicamente comprende los pronombres *lo(s), la(s)* para la tercera persona del complemento directo:

> Yo *lo* conocí el mismo día que a Bertolt Brecht [Ramón J. Sender: *Álbum de radiografías secretas*]

> También *los* saludamos con efusión [Azorín: *En lontananza*]

Estas formas son las corrientes en Andalucía y América y son siempre correctas.

De todas las variedades de leísmo, solo el de persona singular masculino está aceptado en la norma:

> Esto leía el pobre Pere cuando *le* mataron [Eduardo Mendoza: *La verdad sobre el caso Savolta*]

Además existen estos otros tipos, todos ellos considerados incorrectos:

1. Leísmo de cosa:

> —No, no me lastimes y te *le* daré [el anillo] [Mariano José de Larra: *El doncel*]

2. Leísmo de persona masculino plural:

> *Les* persiguieron, *les* encarcelaron y *les* condenaron por practicar la poligamia [Fernando Arrabal: *La torre herida por el rayo*]

3. Leísmo de persona femenino (tanto en singular como en plural):

> Si no por Isabel, vaya si me echo novia allí, que *le* conocí a una tal Rosita, sobrina de un cura, como para volverle loco a cualquiera [Rafael Sánchez Mazas: *La nueva vida de Pedrito de Andía*, tomado de DPD: leísmo]

El leísmo femenino ha existido tradicionalmente en el País Vasco y territorios limítrofes, pero hoy tiene una nueva fuente en hablantes laístas que por ultracorrección incurren en leísmo.

Para complicar más las cosas, existen ciertos casos especiales, como el denominado *leísmo de cortesía,* el uso del pronombre *le(s)* en construcciones impersonales con *se,* la alternancia de régimen de los verbos de afección psíquica, las construcciones causativas formadas con los verbos *hacer* y *dejar* o los cambios de régimen que están experimentando ciertos verbos.

No hay ninguna prueba o truco que nos indique de forma sencilla y fiable si estamos utilizando el pronombre correctamente. Al final, la cuestión se convierte en un problema de diccionario. El DPD nos proporciona ayuda en muchos casos dudosos, pero no es exhaustivo, por lo que no siempre nos sacará de apuros.

Con el leísmo, la norma le quita la razón a Castilla y se la da a Andalucía y América, que se han mantenido fieles al uso etimológico. Esto indica que la norma (por más que se haya orientado tradicionalmente hacia el habla de Castilla) no coincide plenamente con ninguna variedad regional concreta.

El leísmo no es ningún invento reciente. Las vacilaciones entre *le* y *lo* son constantes desde la Edad Media. Para que el hablante leísta se consuele, le diremos que está en buena compañía. Bastantes de nuestros clásicos eran leístas. Como muestra, basta un botón de Cervantes:

> Cerró el papel Rutilio con intención de dárse*le* a Policarpa [Miguel de Cervantes: *Los trabajos de Persiles y Sigismunda*]

La tilde de los demostrativos

20 de octubre de 2007

En la inmensa mayoría de los casos es correcto escribir los demostrativos sin tilde.

En español tenemos tres series de demostrativos:

a) Este - esta - esto - estos – estas
b) Ese - esa - eso - esos – esas
c) Aquel - aquella- aquello - aquellos - aquellas

Los demostrativos pueden funcionar como adjetivos o

como pronombres. Cuando funcionan como adjetivos, modifican a un sustantivo:

Quiero *esa camisa*

Cuando funcionan como adjetivos, nunca se acentúan.

Cuando son pronombres, desempeñan la función de un nombre o, para ser más exactos, de un sintagma nominal completo:

Quiero *esa*

Cuando funcionan como pronombres, algunos de ellos (no todos) puede ser obligatorio acentuarlos (en la práctica, casi nunca). Para empezar, nunca llevan tilde las formas neutras: *esto* - *eso* - *aquello* nunca se acentúan

¿Por qué? Esa tilde es diacrítica, o sea, evita que confundamos palabras diferentes que se escriben igual. Nunca puede haber confusión con las formas neutras porque solo pueden ser pronombres. Podemos escribir:

Esto es increíble

Lo que no podemos hacer nunca es combinar esa forma del demostrativo con un nombre: **esto árbol*.

El resto de las formas pronominales solo es obligatorio acentuarlas si se puedan confundir con la forma adjetiva y dar lugar a interpretaciones erróneas, por ejemplo:

Matilde dejó a ese tonto
Matilde dejó a ése tonto

La tilde nos indica que tenemos que interpretarlas así, respectivamente:

Matilde abandonó a ese tonto
A ese Matilde lo dejó tonto

Hasta aquí, en teoría, todo está muy bien. En la práctica, lo que hay que hacer es redactar de forma más clara. El primer par de oraciones tenemos que leerlo dos veces para enterarnos de lo que nos están diciendo. Las del segundo par, en cambio, se entienden a la primera.

No hay más casos obligatorios. Cuando los demostrativos se utilizan como pronombres sin dar lugar a ambigüedad, el acento es facultativo, es decir, queda a nuestro criterio el ponerlo. Sin embargo, es preferible no poner tilde en estos casos. Cuando hay dos posibilidades correctas, y una es más sencilla y otra más complicada, se prefiere la sencilla.

En resumen, si tenemos una tilde en un demostrativo, hay que leer otra vez esa oración. Si la tilde no es obligatoria, es mejor quitarla; y si lo es, es mejor rehacer la oración.

'La minipímer': deonimización o antonomasia

21 de octubre de 2007

Todos sabemos que ciertos nombres propios acaban convirtiéndose en comunes y refiriéndose a todos los objetos de esa clase. Esto es lo que se conoce como *deonimización* o *antonomasia*.

Les ocurre muchas veces a las marcas comerciales. Por ejemplo, en España, durante una época, la batidora más famosa era la Braun Minipimer. Hablar de batidoras era, prácticamente, hablar de Minipimer, hasta el punto de que se llegó a convertir en sinónimo de *batidora*:

> *Minipimer* (nombre propio) > *la minipímer* (nombre común)

Son muchas las marcas que han seguido el mismo camino. Por eso hoy podemos decir, por ejemplo:

> *Me voy a tomar un colacao* (< *ColaCao,* marca de chocolate en polvo instantáneo)
>
> *¿Tienes un clínex?* (< *Kleenex,* marca de pañuelos de papel)
>
> *Pásame un posit* (< *Post-it,* marca de notas adhesivas)
>
> *Dale al chico una pesicola* (< *Pepsi-Cola,* marca de refresco de cola)

Como se ve en los ejemplos anteriores, se suelen adaptar ligeramente grafía y pronunciación.

Naturalmente, estas denominaciones varían de unos países a otros e incluso de unas regiones a otras, dependiendo de qué marcas se popularizaran allí.

La deonimización también puede afectar a nombres de personas. Un zepelín es un globo dirigible que toma su nombre de su inventor, Ferdinand von Zeppelin; una rebeca es una chaqueta de punto a la que se empezó a llamar así porque la llevaba la protagonista de la película de Hitchcock *Rebeca*. También hay casos con nombres de lugares, por ejemplo, *holanda* para referirse a un tipo de tela procedente de este país.

La deonimización se basa en la metonimia, es decir, en relaciones de contigüidad. En los ejemplos anteriores hemos encontrado diferentes variedades: un tipo por el conjunto de ejemplares (*la minipímer*), el creador por la creación (*el zepelín*), el portador por el objeto (*la rebeca*), la procedencia por el producto (*holanda*), etc.

También puede tener un aspecto metafórico, o sea, basado en la semejanza. Cuando decimos de un chico que *está hecho un donjuán*, estamos diciendo que *es como* Don Juan (Tenorio) porque anda por ahí rompiendo corazones a su imagen y semejanza. No obstante, aquí sigue siendo la base la metonimia, puesto que tomamos un ejemplar de conquistador para nombrar a todos los demás.

Solo se pone en mayúscula la primera letra del título

22 de octubre de 2007

Solo se pone en mayúscula la primera letra del título (como en esta entrada). Esto vale para cualquier tipo de obras (con una excepción que veremos luego). Es decir, se escriben así los títulos de:

Libros: *La montaña mágica*
Películas: *Con faldas y a lo loco*
Composiciones musicales: *El pájaro de fuego*
Cuadros: *El gran masturbador*
Esculturas: *El niño de la espina*

Ni que decir tiene que las palabras que de por sí llevan mayúscula, como los nombres propios, la conservan:

La familia de Pascual Duarte

La excepción son los títulos de publicaciones periódicas: se pone en mayúscula la primera letra del título y de todos los sustantivos y adjetivos que contenga:

El País
El Jueves
Claves de Razón Práctica

¿Cómo se pronuncia 'Donald Tusk'?

23 de octubre de 2007

El actual Primer Ministro de Polonia se llama Donald Tusk. Su nombre se pronuncia tal cual:

«Dónald Túsk»

La u en polaco se lee *u* exactamente igual que en español.

En realidad, el nombre completo es Donald Franciszek Tusk, que en una pronunciación ligeramente españolizada da: «Dónal Franchísek Túsk». Pero con que le llamemos *Donald Tusk* ya hemos cumplido.

Desde que le eligieron, han empezado a asomar por ahí pronunciaciones a la inglesa («Dónal T*á*sk»). Esto es un ejemplo más de la manía de pronunciar cualquier nombre extranjero como si fuera inglés y se parece un poco a la visión del mundo que tenía mi abuela. Para ella la Tierra se dividía en dos: España y el extranjero. Y por eso te preguntaba qué se comía en el extranjero, cómo eran las casas en el extranjero o qué se hablaba en el extranjero. Y demasiado sabía la pobre para la época que le había tocado vivir y las oportunidades que había tenido de aprender.

Para quien tenga conocimientos del alfabeto fonético internacional, esta es la transcripción:

> Donald Franciszek Tusk ['dɔnalt fran'ʧiʃɛk 'tusk]

El laísmo

24 de octubre de 2007

El laísmo consiste en utilizar el pronombre *la(s)* para el complemento indirecto femenino. Es un fenómeno típicamente castellano.

La norma exige que para el complemento indirecto se utilice el pronombre *le(s)* tanto para masculino como para femenino.

Veamos un ejemplo:

> Pues anda y di*la* que venga [Leandro Fernández de Moratín: *El viejo y la niña*]

En el ejemplo anterior, el verbo *decir* toma un complemento directo (*que venga*) y un complemento indirecto (*la*). En el ejemplo anterior, la norma exige decir:

> Pues anda y di*le* que venga

El hablante laísta reintroduce en el complemento indirecto la distinción de género.

Algunos hablantes laístas incurren por ultracorrección en leísmo femenino de persona. El laísta corregido puede desarrollar un miedo cerval al pronombre *la,* hasta el punto de convertir la regla en una afirmación general del tipo *'la' está mal dicho*. A partir de ahí empiezan a surgir construcciones erróneas como *A tu hermana no* le *he visto últimamente*. El razonamiento es: si es *a tu hermana le he dicho* también será *a tu hermana le he visto*. Lo que no tiene en cuenta este hablante es que la función sintáctica de *a tu hermana* es completamente diferente en uno y otro caso: complemento indirecto en el primero y complemento directo en el segundo.

He aquí un ejemplo de leísmo ultracorrecto que me encuentro leyendo el periódico mientras desayuno:

> De producirse esa fusión, La Caixa controlaría el 8,17% del nuevo banco, lo que *le* convertiría en el primer accionista individual [*El País*, 23-10-2007]

El redactor debería haber escrito:

> [...] lo que *la* convertiría en el primer accionista [...]

El laísmo es corriente en Castilla desde la Edad Media. De hecho, muchos de los clásicos castellanos eran laístas. Santa Teresa de Jesús se nos revela muy abulense cuando escribe:

> A lo de escribir Teresa [...], no creo si no es a la priora de Medina y a ella, por dar*las* contento, que no ha escrito a nadie [Santa Teresa de Jesús: *Cartas*]

Cursiva y comillas en títulos

26 de octubre de 2007

Cuando en el cuerpo de un texto se menciona un título, se han de seguir algunas convenciones ortotipográficas.

En textos impresos, los títulos se escriben *en cursiva,* por ejemplo:

> *Cien años de soledad* es una de las novelas más importantes del siglo XX

Si estamos escribiendo a mano, lo habitual es subrayar los títulos.

Si lo que estamos escribiendo es el título de una parte de una obra más amplia, se escribe entre comillas ("" o «») para diferenciarlo de la obra completa. Esto es lo que se hace con un artículo de revista, un capítulo de libro, un poema incluido en un poemario, etc.:

> Lorca publica «Paisaje de la multitud que vomita» en *Poeta en Nueva York*

> El último número de *Revista de Occidente* trae un artículo que se titula «El dilema de los biocombustibles»

> En *Blog de Lengua Española* hay una entrada muy interesante sobre «Cursiva y comillas en títulos»

Palíndromos

27 de octubre de 2007

Los palíndromos son palabras o secuencias de palabras que se leen igual de izquierda a derecha o de derecha a izquierda.

El nombre *palíndromo* está formado por dos raíces griegas: *pálin,* que significa 'en sentido contrario', 'de nuevo', y *drómos,* que significa 'carrera', 'recorrido'. Es decir, un palíndromo es una secuencia de caracteres que se puede recorrer una vez en el sentido normal de la lectura y otra en el contrario. Para que nos entendamos, los *palíndromos* vienen a ser a las palabras lo que los *capicúas* a los números.

El palíndromo más famoso en España probablemente es este:

> Dábale arroz a la zorra el abad

Otros un poquito más simples son:

> Eme
> Radar
> Anilina

El director de cine Julio Médem tiene un apellido palíndromo. Se ve que por ahí le cogió gusto al asunto, porque a los protagonistas de *Los amantes del círculo polar* los llamó *Otto* y *Ana.*

Rebuscando por Internet aparecen muchos:

> Luz azul
> Isaac no ronca así
> A ti no, bonita
> Adán no cede con nada

También me encuentro este impresionante palíndromo de Ricardo Ochoa:

> Adivina ya te opina, ya ni miles origina, ya ni cetro me domina,

> ya ni monarcas, a repaso ni mulato carreta, acaso nicotina, ya ni cita vecino, anima cocina, pedazo gallina, cedazo terso nos retoza de canilla goza, de pánico camina, ónice vaticina, ya ni tocino saca, a terracota luminosa pera, sacra nómina y ánimo de mortecina, ya ni giros elimina, ya ni poeta, ya ni vida

¡Ahí es nada!

Augusto Monterroso era un gran aficionado a los palíndromos. Si te ha picado la curiosidad, no dejes de leer «Onís es asesino», de su libro *Movimiento perpetuo.*

Nombres ambiguos en cuanto al género

30 de octubre de 2007

Los nombres ambiguos en cuanto al género son aquellos que se pueden utilizar tanto en masculino como en femenino sin que cambie su significado. Algunos ejemplos son *mar, maratón, linde, dracma* y *azúcar*:

> Los expertos creen que en el fondo d*el mar* hay cientos de navíos [...] [*Abc*, 28-10-2007]

> El paseo de la ría acogerá [...] una serie de talleres infantiles sobre el medio ambiente y *la mar* [*La Nueva España,* 30-9-2007]

> Azúcares crud*os*: azúcar terciad**o**, azúcar blanquill**a** [...] y azúcar granulad*o* [*Anales de Bromatología,* 1967, vol. 19, p. 247]

En las dos primeras oraciones encontramos el uso masculino y femenino, respectivamente, de *mar*. El tercer ejemplo, el de *azúcar,* es interesante porque en la misma oración aparece el mismo nombre en masculino y en femenino.

El utilizar estos nombres con un género u otro no da lugar a un cambio de significado. Por ejemplo, yo puedo irme a Alicante y sentarme en la playa. Si ese día tengo una vena lírica, probablemente diré:

Mira: ¡la mar!

Si me da por hablar de forma más neutra, lo que me saldrá será:

Mira: el mar

Pero en los dos casos me refiero a la misma realidad. El mar sigue siendo el mismo; solo ha cambiado el género del nombre.

Por lo general, los nombres ambiguos en cuanto al género se refieren a seres inanimados, como en los ejemplos anteriores. La excepción son dos nombres de animales: *cobaya* y *ánade*.

El que no cambie el significado tampoco quiere decir que dé exactamente igual utilizar estos sustantivos en masculino o en femenino. Las diferencias no van a ser de significado sino de otro tipo.

A veces, el utilizar un género u otro es una cuestión de puras preferencias individuales. Puede haber hablantes que prefieran la forma *azúcar moreno* y otros que prefieran *azúcar morena*.

Otras veces, las diferencias tienen que ver con la pertenencia a ciertos grupos sociales. Un ejemplo que se suele repetir en los manuales es que las gentes de mar tienden a decir *la mar* (en femenino), mientras que quienes no tenemos mayor relación con el mar tendemos a utilizar la forma masculina.

También hay preferencias regionales. *Calor* es masculino para la mayoría de los hablantes de español, pero dentro de España el femenino *la calor* está muy extendido en ciertas zonas de Andalucía, Murcia o Cataluña.

Llegamos ahora a la cuestión de la consideración normativa de estas vacilaciones de género. Algunas están aceptadas, como las de los ejemplos que hemos utilizado hasta ahora (salvo *calor*, que es un caso especial). Otras, en cambio, se condenan. Esto es lo que ocurre, por ejemplo, con *pus,* que para la norma solo es masculino, aunque para muchos hablantes sea femenino.

Esta consideración puede ir cambiando con el paso de los años. *Calor* tradicionalmente estaba admitido como ambiguo en cuanto al género y así se recoge todavía en la edición de 2001 del DRAE. Sin embargo, con la publicación del DPD, ya solo se admite la forma masculina. Lo contrario ha pasado con *maratón.* Después de años y años condenando la forma femenina, al final se han admitido las dos.

Por último, no conviene perder de vista que hay expresiones con diferentes grados de fijación en las que es obligatorio uno de los géneros. Por lo general, podemos elegir entre *el mar* o *la mar,* pero solo utilizamos la forma femenina en las siguientes expresiones fijas:

> *Pelillos a la mar* 'olvidemos nuestras diferencias', 'reconciliémonos'

La mar de (simpático, distraído, etc.) 'muy', intensificador

En el primer ejemplo, el artículo masculino forzaría una interpretación literal: hay unos pelillos que se arrojan al mar. En el segundo, simplemente, daría lugar a un sinsentido.

'Aún' (con tilde) y 'aun' (sin tilde)

31 de octubre de 2007

Se escribe *aún* con tilde cuando se puede sustituir por *todavía,* y *aun* sin tilde cuando se puede sustituir por *incluso* (o *siquiera*).

Este es un caso de tilde diacrítica, que es la que evita que confundamos palabras diferentes que se escriben igual.

Veamos algunos ejemplos en los que *aún* se acentúa o se deja de acentuar correctamente:

> (1) Gepro lanza una OPA por el 7,95% que *aún* no posee en la Compañía Española para la Fabricación Mecánica del Vidrio (... 'el 7,95% que todavía no posee'...) [*Cinco Días,* 30-10-2007]

> (2) Solbes garantiza los compromisos presupuestarios, *aun* con menos crecimiento (... 'incluso con menos crecimiento'...) [*Cinco Días,* 25-10-2007]

> (3) El Gobierno francés está persuadido de la «ilegalidad» de la operación [...], pero *aun así* dará asistencia consular y jurídica a los 16 detenidos (... 'incluso así dará asistencia'...) [*Abc,* 29-10-2007]

> (4) Pero ningún hombre es respetable, *ni aun* los santos, *ni*

> *aun* los locos, *ni aun* los niños que juegan con piedras junto a los pozos [...] (... 'ni siquiera') [Ana María Matute: *Los soldados lloran de noche*]
>
> (5) [...] el amor nos liga a las cosas, *aun cuando* sea pasajeramente (... 'aunque sea pasajeramente') [José Ortega y Gasset: *Meditaciones sobre la literatura y el arte*]

El único ejemplo en que se debe acentuar *aún* es (1) porque se puede sustituir por *todavía*.

En los ejemplos (2)-(5), *aun* se escribe sin acento. En (2) lo podemos sustituir por *incluso*. Un error muy común consiste en poner tilde a *aun* en las expresiones *aun así* y *ni aun*. En el ejemplo (3), *aun así* se puede sustituir por *incluso así,* y en el ejemplo (4), *ni aun* se puede sustituir por *ni siquiera*. Una expresión especial es *aun cuando,* que equivale a *aunque,* como en el ejemplo (5). Tampoco en este caso hay acento.

La regla de oro de quienes no andan muy duchos en el manejo de esta tilde diacrítica es *yo, por si acaso, la pongo*. Esta *acentuación preventiva* es una manera muy segura de ir acumulando faltas de ortografía.

Etimología de 'cantimplora'

1 de noviembre de 2007

Cantimplora es un catalanismo. Según explica Coromines en el *Breve diccionario etimológico de la lengua castellana,* procede de la expresión *canta i plora:*

> Cantimplora < canta i plora (en catalán 'canta y llora')

El nombre se basa, por tanto en una metáfora. Los hablantes que empezaron a utilizar esta denominación creyeron percibir una semejanza entre el ruido que hacía el líquido en el recipiente y el sonido, unas veces, de las canciones, y otras, del llanto. Detrás de esta metáfora, por tanto, está la personificación de un objeto inanimado.

Sebastián de Covarrubias explica así la voz *cantimplora* en su *Tesoro de la lengua castellana o española*:

> Es una garrafa de cobre con un cuello muy largo, para enfriar en ella el agua o el vino metiéndola y encerrándola en la nieve o meneándola dentro de un cubo con la dicha nieve, cosa muy conocida y usada en España y en todas partes. Díxose cantimplora porque al dar el agua o el vino que tiene dentro, por razón del aire que se encuentra en el dicho cuello, suena en muchas diferencias, unas baxas y otras altas, unas tristes y otras alegres, que parece cantar y llorar juntamente (Covarrubias: cantimplora)

¿Cómo se pronuncia 'Kaczyński'?

2 de noviembre de 2007

Muchos locutores dudan sobre cómo pronunciar el apellido polaco *Kaczyński*. Simplemente hay que decir «Kachínski». En polaco *cz* se pronuncia como nuestra *ch*.

Un poquito más complicado es el nombre completo de los famosos gemelos polacos. La grafía puede desorientarnos, pero el sonido está al alcance de cualquier hablante de castellano, con mínimas adaptaciones. La pronunciación *de andar por casa* es esta (la jota es jota):

> Lech Aleksander Kaczyński «Léj Alexánder Kachínski»
> Jarosław Kaczyński «Iarósuaf Kachínski»

Para quienes sean un poco más exigentes y tengan conocimientos del alfabeto fonético internacional, ahí va la transcripción exacta:

> Lech Aleksander Kaczyński ['lɛx alɛ'ksandɛr ka'ʧiɲskʲi]
> Jarosław Kaczyński [ja'rɔswaf ka'ʧiɲskʲi]

En cualquier caso, en la pronunciación de palabras extranjeras no se puede hablar de normas sino de tendencias.

La ultracorrección: 'bacalado de Bilbado'

4 de noviembre de 2007

Podemos decir que la ultracorrección consiste en ser más papista que el Papa. Fernando Lázaro Carreter definió así el término en su *Diccionario de términos filológicos*:

> Ultracorrección. Fenómeno que se produce cuando el hablante interpreta una forma correcta del lenguaje como incorrecta y la restituye a la forma que él cree normal.

Este fenómeno también se conoce como *hipercorrección.*

Quienes se sienten inseguros lingüísticamente tienden a generalizar las reglas de manera incorrecta. Por ejemplo, alguien que tiene conciencia de que los participios acabados en *-ao están mal dichos* (**acabao, *destrozao, *dao,* etc.), cuando se encuentra con un nombre como *bacalao,* aplica una regla del tipo *las palabras acabadas en -ao son incorrectas* (las palabras, ojo, todas las palabras). O sea, si se dice *acabado, destrozado, dado,* también se dirá **bacalado de Bilbado.*

La ultracorrección se basa en la analogía: se apoya en un modelo, pero en uno que no es aplicable en ese caso concreto. Fijémonos en un par de formas ultracorrectas:

*Expléndido
*Espúreo

El primero es un caso de ultracorrección ortográfica (también podemos encontrarlo en la pronunciación). La *x* en posición final de sílaba se pronuncia corrientemente como *s*. Por ahí vienen las dudas. Quien le planta una equis a *espléndido*, está tomando incorrectamente como modelo palabras como *explanada*.

En el segundo caso nos encontramos con una palabra culta y poco frecuente. Son las más peligrosas. *Espurio* ('ilegítimo, falso') se parece sospechosamente a vulgarismos como **vidio*. Nuestro hablante, que ya salió escaldado en la compra de su primer **vidio VHS,* no está dispuesto a tropezar de nuevo en la misma piedra. Por eso prefiere **espúreo*, formado sobre el modelo de *vídeo*.

La ultracorrección suele resultar ridícula. Es como si nos sorprendieran tratando de hacernos pasar por lo que no somos, adornándonos con una cultura postiza.

Etimología de 'cónyuge'

6 de noviembre de 2007

La palabra *cónyuge* lleva dentro el sustantivo *yugo.* Los cónyuges son quienes están uncidos a un mismo yugo. Tras la etimología de este nombre encontramos, pues, una metáfora.

Cónyuge viene del sustantivo latino *cónjugem,* que está formado por la preposición *con* y el nombre *jugem* 'yugo'.

El verbo *conjungere* significaba originariamente 'unir (animales) con un yugo', 'uncir'. De ahí pasó a significar simplemente 'unir' y, en uno de sus usos figurados, 'unir con el vínculo del matrimonio'.

Las metáforas que usamos en español para hablar del matrimonio no son siempre las más favorables. El matrimonio no solo es un yugo que nos ponen, sino que además se *contrae matrimonio* igual que se *contrae una enfermedad.* La verdad, es como para pensárselo.

'Asimismo', 'así mismo', 'a sí mismo'

8 de noviembre de 2007

Hay tres expresiones que se escriben de manera parecida, pero que no debemos confundir: *asimismo, así mismo* y *a sí mismo.* Voy a tratar de ofrecer una explicación práctica, que permita escribirlas correctamente sin entrar en análisis gramaticales.

Asimismo (en una sola palabra) equivale a *también* o *además:*

La FAO subrayó *asimismo* que el alza de los precios del petróleo estimuló los precios de los cultivos agrícolas ('La FAO subrayó además...') [*El Comercio* (Ecuador), 7-11-2007]

Nótese que *asimismo* no lleva tilde cuando se escribe en una sola palabra.

¿Podríamos escribirlo en dos palabras con este mismo significado? Podemos, pero más bien es indicio de escasa pericia en la redacción. Como regla general, cuando tenemos la opción entre escribir junto o separado, es preferible escribir junto.

Así mismo (en dos palabras) podemos parafrasearlo por *de esa misma manera*:

—Vente *así mismo,* que tengo la solución ('Vente de esa misma manera') [Nicolás Soto: *Gris de tiempo gris*, acceso 7-11-2007]

Además se puede eliminar *mismo* sin que cambie el sentido:

Vente *así*, que tengo la solución

A sí mismo (en tres palabras) tiene significado reflexivo, es decir, indica una acción que el sujeto realiza sobre sí mismo (en lugar de sobre otra persona o cosa):

Comenzó a decirse *a sí mismo* que esto era una cosa muy seria [Salvador de Madariaga: *El corazón de piedra verde*]

En lenguaje coloquial se puede sustituir por *a él mismo* (pero solo en el lenguaje coloquial).

En este tercer caso, *mismo* puede cambiar de género para referirse, por ejemplo, a una mujer (*a sí misma*), lo que no es posible con las dos expresiones anteriores:

> Ella comenzó a decirse *a sí misma* que esto era una cosa muy seria

Espero que la explicación haya sido útil, pero eso ya se lo tiene que preguntar cada uno *a sí mismo*.

'Azúcar': un caso especial de nombre ambiguo en cuanto al género

8 de noviembre de 2007

Azúcar es un nombre ambiguo en cuanto al género, es decir, un nombre que se puede usar tanto en masculino como en femenino sin que cambie su significado. En los dos ejemplos siguientes vemos cómo se puede decir tanto *azúcar moreno* como *azúcar morena*:

> El *azúcar moreno* y el azúcar blanco de las Indias Occidentales Francesas [...] nunca apareció en Londres o Bristol, salvo como botín de guerra [...] [Guillermo Morón: *Historia general de América*]

> Los nuevos colonos yanquis veían con desprecio al español, [...] que seguía moliendo su *azúcar morena* [...] [José Vasconcelos: *Ulises criollo*]

Lo que hace especial a *azúcar* en comparación con otros nombres ambiguos en cuanto al género es que se combina con el artículo masculino también cuando se usa en femenino:

> Los propios industriales refresqueros han devaluado *el azúcar refinada* en 15 y 20 por ciento [...] [*Época: Semanario de México*, 5-8-1991]

Se comporta en esto como los nombres femeninos que empiezan por *a* tónica. Sin embargo, *azúcar* comienza por *a,* pero el acento no recae en esa sílaba.

Azúcar también se puede combinar con el artículo femenino. Esto es correcto pero poco frecuente. Veamos un ejemplo:

> [...] el comercio de *la azúcar* está manejado por comercializadores internacionales [...] [*Época: Semanario de México,* 5-8-1991]

Este uso es claramente minoritario. Una búsqueda con Google a 8 de noviembre de 2007 arroja nada más y nada menos que 1 980 000 documentos para la cadena exacta *el azúcar*, frente a 99 000 para *la azúcar*. La proporción es, por tanto, de 20 a 1 a favor del determinante masculino.

Como ocurre con otros sustantivos ambiguos en cuanto al género, ciertas combinaciones son fijas. Esto implica que no pueden cambiar de género. Por ejemplo, *azúcar blanquilla* solo se usa en femenino. Hasta tal punto es así que el autor del siguiente ejemplo se vio obligado a respetar la forma femenina aunque en todos los otros casos utiliza el masculino:

> Azúcares crudos: azúcar terciado, *azúcar blanquilla* [...] y azúcar granulado [*Anales de Bromatología,* 1967, vol. 19, p. 247]

Y esto es lo que te tenía que contar sobre el nombre *azúcar*. Espero no haberte empalagado.

La lideresa

9 de noviembre de 2007

El femenino *lideresa* está correctamente formado y está recogido en el DRAE:

> lideresa. 1. f. Directora, jefa o conductora de un partido político, de un grupo social o de otra colectividad. U[sado] m[ás] en América.

Como indica el diccionario, es más frecuente en América que en España. Aquí tenemos un ejemplo de su uso en un texto redactado en México:

> El reto de la nueva encomienda de María de los Ángeles Moreno Uriegas como *lideresa* de la mayoría priista en el Senado es claro [...] [*Época: Semanario de México*]

En España normalmente utilizaríamos la forma *líder* como común en cuanto al género, o sea, diríamos *el líder* o *la líder* según los casos:

> *El líder* de Georgia cede a la presión opositora y adelanta las presidenciales [*La Gaceta de los Negocios* (España), 8-11-2007]

> *La líder* de los democristianos valones, Joele Milquet, fue tajante [...] [*Abc* (España), 8-11-2007]

El verdadero problema es que nos enfrentamos con realidades sociales nuevas y necesitamos nuevas palabras para referirnos a ellas. Hoy, por suerte, hay mujeres que ocupan posiciones de liderazgo en los ámbitos más diversos (y su número irá a más). Estamos en una situación de transición social que tiene su reflejo en la lengua; por eso dudamos sobre la correcta formación del femenino de nombres de profesiones o posiciones sociales que tradicionalmente estaban reservadas a los hombres.

Son muchos los partidarios de recurrir a la forma femenina siempre que la morfología lo permita. El argumento es que así se reconoce lingüísticamente la equiparación social de la mujer. Utilizar para los dos géneros la forma originariamente masculina (*el/la líder*) supone desde esta perspectiva perpetuar la desigualdad o al menos mantener vivo su recuerdo, pues implícitamente se reconoce que el prestigio va asociado a lo masculino.

Solo el tiempo dirá cuál es la solución que finalmente se impone. De momento lo que sí podemos decir es que la forma *lideresa* es impecable desde el punto de vista morfológico y de la norma del español, por más que nos pueda resultar extraña. Pero cuanto más la oigamos menos extraña nos irá resultando.

Dar de mí - dar de sí

10 de noviembre de 2007

Una expresión que a veces plantea dudas de concordancia es *(no) dar de sí* en el sentido de '(no) dar para más', como en *La pobre Pilar no da más de sí*. Siempre se tiene que mantener la concordancia entre el sujeto de *dar* y el pronombre que sigue a la preposición *de*. O sea, diremos:

Yo no doy más de mí (1.ª persona singular)
Tú no das más de ti (2.ª persona singular)
Él/ella/ello no da más de sí (3.ª persona singular)

Ellos/ellas no dan más de sí (3.ª persona plural)

En la tercera persona todos tenemos claro que hay que decir *dar de sí*:

> [...] ni el negocio, ni las cuatro tierras, ni la casita que tengo *dan más de sí* [Juan Antonio de Zunzunegui: *La vida como es*]

Los problemas surgen cuando tenemos que hablar de la primera persona o de la segunda. Como es obligatorio mantener la concordancia, la expresión se convierte en *dar de mí* y *dar de ti,* respectivamente:

> Ella, en cuanto le indiqué la conveniencia de confesar con usted, aceptó, comprendiendo que *yo no daba más de mí* [Leopoldo Alas "Clarín": *La regenta*]

> ¿Y te extraña que tus fans te confundan con una verdulera? *No das más de ti,* corazón [Jesús Alviz: *Trilogía light*]

Se considera incorrecto decir en estos casos **Yo no doy mas de sí* o **Tú no das más de sí.*

El perspicaz lector ya habrá notado que no hemos dicho nada del plural de la primera persona (*nosotros -as*) ni del de la segunda (*vosotros -as*). En teoría es *dar de nosotros* y *dar de vosotros;* pero en la práctica apenas se usa. Lo normal aquí es utilizar otras expresiones, como *no dar para más:*

> [...] saben [...] que los hombres *no damos para más* y que, fuera del placer que ofrecemos y recibimos, lo demás, pasiones e idealismos, es farsa en nosotros [Manuel Gálvez: *La tragedia de un hombre fuerte*]

Y esto es lo que ha dado de sí esta entrada. Espero que no haya sobrado ni faltado.

Nombres epicenos

12 de noviembre de 2007

Los nombres epicenos se refieren a seres vivos sexuados. Son sustantivos que presentan un único género gramatical, ya sea masculino o femenino. Esto supone que no pueden cambiar de género para indicar una diferencia de sexo en los seres a que se refieren.

Muchos sustantivos epicenos son nombres de animales, por ejemplo:

> El avestruz, la serpiente, el hámster, el águila, la gacela

Algunos se refieren a personas:

> La víctima, la persona

Un sustantivo como *gacela* es femenino y no puede tener otro género. No podemos formar un masculino cambiando la terminación (**gacelo*) o sustituyendo el artículo femenino por el masculino (**el gacela*). Dado que no disponemos de medios morfológicos, si queremos especificar el sexo del referente, tendremos que recurrir a medios léxicos. Esto es lo que se hace en el siguiente ejemplo, en el que palabras adicionales (*macho, hembra*) son las encargadas de expresar la diferencia de sexo:

> Una pantera *macho* jugueteaba con una pantera *hembra*

En este otro ejemplo, para especificar el sexo de la persona de la que se habla se recurre a medios parafrásticos, o sea, se explica:

> *La víctima era un hombre* de 57 años de edad que falleció al salirse de la vía el coche en el que circulaba [...] [*Sur Digital* (España), 20-10-2007]

Los nombres epicenos no han de confundirse con los ambiguos y comunes en cuanto al género, de los que nos ocupamos en sendas entradas.

¿'He imprimido' o 'he impreso'?

14 de noviembre de 2007

Las dos formas *he imprimido* y *he impreso* son correctas.

El verbo *imprimir* tiene dos participios:

> Participio regular: *imprimido*
> Participio irregular: *impreso*

Los dos se admiten en los tiempos compuestos de la conjugación, que son los que se forman con *haber* + participio. Esto es lo que podemos ver en (1) y (2):

> (1) Se *habían imprimido* mapas con «la nueva república» [...] [Luis G. Zorrilla: *Historia de las relaciones entre México y los Estados Unidos de América*]

> (2) Los tres discursos [...] se *han impreso,* acertadamente, como uno solo o bajo un solo título: «El problema catalán» [Jesús Pabón: *Cambó*]

El participio también se puede utilizar como adjetivo. En este caso, solo es correcta la forma irregular *impreso.* Esto es así lo mismo cuando el adjetivo funciona como atributo en combinación con un verbo copulativo (3) que cuando califica directamente a un nombre (4):

> (3) La edición de 1930 no nos resuelve la duda, ya que todo el título *está impreso* en mayúsculas [Manuel Aznar Soler: *Guía de lectura de* Martes de Carnaval]
>
> (4) En el caso, no infrecuente, de que entre los manuscritos se encuentren *documentos impresos* [...] podemos aportar datos de interés si formamos un índice de imprentas [María del Carmen Pescador: *El archivo: instrumentos de trabajo*]

En los ejemplos (3) y (4) hubiera sido incorrecto escribir **está imprimido* o **documentos imprimidos.*

Espero que el artículo haya causado buena *impresión.*

Etimología de 'recordar'

15 de noviembre de 2007

Nuestro verbo *recordar* lleva dentro la palabra *corazón.* Viene del bajo latín *recordare,* que se compone del prefijo *re-* ('de nuevo') y un elemento *cordare* formado sobre el nombre *cor, cordis* ('corazón').

Antiguamente se creía que el corazón era la sede de la memoria. Encontramos vestigios de esta creencia no solo en nuestro verbo *recordar* y sus equivalentes en otras lenguas románicas sino también en expresiones como estas:

> Francés: *apprendre par cœur* (literalmente, 'aprender de corazón')
>
> Inglés: *know by heart* (lit. 'saber de corazón')

Ortega nos proporciona una hermosa explicación de esta etimología:

> El yo pasado, lo que ayer sentimos y pensamos vivo, perdura en una existencia subterránea del espíritu. Basta con que nos desentendamos de la urgente actualidad para que ascienda a flor de alma todo ese pasado nuestro y se ponga de nuevo a resonar. Con una palabra de bellos contornos etimológicos decimos que lo recordamos —esto es, que lo volvemos a pasar por el estuario de nuestro corazón—. Dante diría *per il lago del cor* [José Ortega y Gasset: *El espectador*, II, «Azorín: primores de lo vulgar»]

Infinitivo fático o radiofónico

16 de noviembre de 2007

Se llama *infinitivo fático* al que se utiliza como verbo principal de una oración. Es un uso que debemos evitar. Se le denomina también infinitivo radiofónico porque resulta muy frecuente en el lenguaje de la radio y, en general, de medios de comunicación hablados, aunque también aparece en textos escritos. Otras denominaciones son *infinitivo de generalización, infinitivo introductorio, infinitivo de cierre* o *infinitivo enunciativo*.

He aquí un ejemplo:

> Por último *recordarles* a todos los clubes que la fecha tope de inscripción de las fichas es 15 días antes del comienzo de la competición [*Fuerteventura Digital* (España), 30-10-2007]

Toda oración debe tener como núcleo un verbo en forma

personal. Lo correcto para el ejemplo anterior hubiera sido:

> Por último *les recordamos* a todos los clubes que la fecha tope de inscripción de las fichas es 15 días antes del comienzo de la competición

Este uso del infinitivo se da normalmente con verbos de lengua (o que admitan una interpretación como tales) como *decir, expresar, recordar, destacar, añadir,* etc. Suele aparecer al principio o al final de la intervención.

El loísmo

20 de noviembre de 2007

El *loísmo* consiste en utilizar el pronombre *lo* para el complemento indirecto. Siempre se considera incorrecto. Se percibe como vulgar, por lo que raramente se encuentran ejemplos en la lengua escrita. Este es uno de los pocos que he podido localizar:

> Al Rey *lo gustó* mucho la idea [*El Pueblo de Ceuta* (España), 6-11-2007]

La forma estándar en el ejemplo anterior hubiera sido *le*:

> Al Rey *le* gustó mucho la idea

El loísmo siempre ha sido menos frecuente que el leísmo y el laísmo. Como ellos, surge en la Castilla medieval y es un fenómeno fundamentalmente castellano. En principio, ni Andalucía, ni Canarias, ni América son loístas. Digo *en principio* porque en la práctica sí hay islotes loístas en América, sobre todo en zonas en que el español está en contacto con lenguas indígenas como el quechua. Véase si no este ejemplo tomado de una recopilación de cuentos ecuatorianos de tradición oral:

> Tenía treh hija' mujer' este hombre. Y de las treh hija' mujer' una *lo salió* bien simpática [...] [Paulo de Carvalho Neto: *Cuentos folklóricos del Ecuador: 52 registros de la tradición oral*]

En la lengua estándar hubiéramos dicho *le salió bien simpática*.

Tilde en palabras latinas

21 de noviembre de 2007

Las palabras latinas que son de uso corriente en castellano se acentúan siguiendo las reglas generales. He aquí algunos ejemplos:

> Palabras llanas: *súmmum, referéndum, superávit*
> Palabras esdrújulas: *currículum vítae, déficit*

Las que no tienen que llevar tilde según las reglas generales de acentuación, naturalmente, no la llevan (*corpus, separata, boletus,* etc.).

Todas las precauciones son pocas con los latinismos. Lo más recomendable es evitarlos siempre que exista una alternativa castellana.

Etimología de 'geranio'

21 de noviembre de 2007

Geranio es una palabra de origen griego que ha llegado a

través del latín a un gran número de lenguas europeas. *Geranio* viene de *géranos,* que en griego significaba 'grulla', porque el fruto recuerda el pico de una grulla. De hecho, una de sus denominaciones en inglés es 'pico de grulla' (*cranesbill*). El nombre se basa, por tanto, en una metáfora.

Esta es la cadena que sigue la palabra desde el griego al castellano:

> gr. *géranos* 'grulla' > gr. *geránion* 'geranio' > lat. *geranium* 'geranio' > esp. *geranio*

Origen de 'Carmen'

23 de noviembre de 2007

Carmen es un nombre internacional que se difunde a las lenguas de Europa a partir del español. Viene del hebreo *karem el* > *Karmel* (Monte Carmelo) y significa 'viña de Dios'. La forma actual con *-n* se explica por un cruce con el latín *carmen* 'canción'.

La Virgen del Carmen es la Virgen del Monte Carmelo, donde se fundó la orden de los Carmelitas.

'Oír' y 'escuchar'

26 de noviembre de 2007

La diferencia entre *oír* y *escuchar* está en la intención. *Escuchar* es algo que se hace intencionadamente, mientras que *oír* es algo que sucede independientemente de nuestra voluntad. Por eso podemos oír sin querer:

> ENCARNACIÓN. —Perdóname. Pero *oí, sin querer,* la conver-

> sación insidiosa, las alusiones malignas, los crueles recuerdos [Leopoldo Lugones: *Nosotros*]

En cambio, es imposible escuchar sin querer porque dentro del concepto de escuchar está la idea de intencionalidad.

Las cosas que se hacen intencionadamente se hacen para algo, o sea, llevan asociada la idea de finalidad. Por eso podemos decir, por ejemplo:

> Escuché *para enterarme*

En cambio, las cosas que nos suceden independientemente de nuestra voluntad carecen de finalidad. Por eso no decimos que alguien *está oyendo para enterarse.

Teniendo en cuenta lo anterior, se entiende que podamos mantener un diálogo como este:

> —¿Me estás escuchando?
> —Te oigo pero no te escucho

O también:

> —Te escucho pero no te oigo

Si alguien me oye pero no me escucha, tengo que entender que percibe el sonido, pero no presta atención (que es algo que depende de su voluntad). En cambio, si me escucha pero no me oye, eso significa que esa persona está poniendo lo que puede de su parte, pero que las circunstancias no cooperan (cuando hacemos cosas intencionadamente, podemos tener éxito o no).

Algunos hablantes no distinguen entre *oír* y *escuchar.*

Esto es especialmente frecuente en América. No es un fenómeno nuevo y las Academias de la Lengua ni siquiera lo consideran censurable (véase el artículo sobre *escuchar* en el DPD). A los hablantes de los territorios donde tradicionalmente no se ha hecho la diferencia se les van sumando muchos que prefieren el verbo *escuchar* porque, al ser más largo, les parece *más importante*.

¿'Adecuo' o 'adecúo'?

26 de noviembre de 2007

Para que todos nos quedemos tranquilos, empezaré aclarando que tanto *adecuo* como *adecúo* son formas correctas.

Ahora, ya con más calma, puedo entrar en explicaciones. Hay tres verbos terminados en *-cuar* cuya conjugación plantea dudas:

Adecuar
Licuar
Evacuar

Hoy ya se admiten las dos conjugaciones entre las que se debaten nuestros sufridos hablantes:

Adecuo *o* adecúo
Licuo *o* licúo
Evacuo *o* evacúo

Estos verbos han sufrido un cambio analógico en su conjugación. Tradicionalmente, los verbos terminados en *-cuar* se conjugaban como los terminados en *-guar*. Es decir, *adecuar, evacuar* y *licuar* se conjugaban siguiendo el modelo de *averiguar*:

> *Averiguar - averiguo*
> Adecuar - adecuo
> Licuar - licuo
> Evacuar - evacuo

Sin embargo, se trata de un grupo muy reducido y sus miembros no son demasiado frecuentes. Los tres que he presentado son los más usados. Hay alguno más, pero de uso rarísimo en la lengua actual, como *promiscuar* ('mezclar carne y pescado en ciertos días en que está prohibido por preceptos religiosos'). Como se utilizan poco, es difícil que los hablantes recuerden sus particularidades. Esto propicia el que empiecen a *desertar* del modelo especial y se vayan pasando al general, que es el de los verbos terminados simplemente en *-uar,* como *actuar*:

> *Actuar - actúo*
> Adecuar - adecúo
> Licuar -licúo
> Evacuar - evacúo

Como decía al principio, las dos formas están aceptadas hoy día en la lengua estándar, pero conviene aclarar que no tienen la misma consideración. La forma tradicional, sobre el modelo de *averiguar,* es claramente más prestigiosa.

Etimología de 'libro'

28 de noviembre de 2007

El nombre castellano *libro* viene del latín *liber*. Esta palabra significaba originariamente 'parte interior de la corteza de los árboles'. Se conserva aquí un recuerdo de la historia de la escritura. Plinio el Viejo nos explica cómo antes de que se conociera el papiro, se utilizaron cortezas de árboles y otros materiales para escribir:

> [...] antes de abandonar Egipto debemos hablar de la naturaleza del papiro, en vista de que todos los usos de la vida civilizada dependen hasta tal punto del empleo del papel [...] M. Varrón nos informa de que el papel debe su descubrimiento a la victoria de Alejandro Magno, en la época en que fundó Alejandría en Egipto. Hasta entonces no se utilizaba el papel. Primero se usaron hojas de palma para escribir y después *la corteza de ciertos árboles* [Plinio el Viejo: *Historia natural,* 13.21]

Independientemente de la exactitud de las noticias históricas de Plinio, es un hecho conocido que las cortezas de árbol fueron uno de los primeros soportes de escritura en la Antigüedad; de ahí que, por metonimia, se haya mantenido memoria de esto en el nombre del formato por excelencia en que se presenta la palabra escrita en Occidente: el libro.

La palabra castellana viene de la forma de acusativo (*librum*), que era la que servía en latín para el complemento directo. Esto es lo normal en el paso del latín al castellano:

Lat. *librum* > cast. *libro*

Nombres comunes en cuanto al género

29 de noviembre de 2007

Los nombres comunes en cuanto al género son los que disponen de una única forma para masculino y femenino, como, por ejemplo, *turista*:

> El escritor —no lo puede evitar— siente una especial predilección y atracción por *el turista* pobre [...] [Camilo José Cela: *Cajón de sastre*]

> Sin siquiera una idea articulable olió el peligro, se dijo que por más atrasada que estuviera *la turista inglesa* en su cena era necesario quedarse ahí [...] [Julio Cortázar: *Territorios*]

Se trata de nombres que se refieren a seres vivos que tienen sexo. El sustantivo cambia de género para dar cuenta de las diferencias de sexo de los seres a los que se refiere (esto se conoce como *moción de género*). Su peculiaridad consiste en que el cambio de género no va acompañado de un cambio de forma (no hay terminaciones diferentes para masculino y femenino). Sí que podemos apreciar el cambio de género por la concordancia de determinantes (en los ejemplos de arriba, *el, la*) y adjetivos (*inglesa*).

Otros ejemplos de nombres comunes en cuanto al género son *soldado, piloto, testigo, cónyuge, modelo, atleta, conserje, estudiante, yonqui, canciller,* etc.

Etimología de 'clavel'

1 de diciembre de 2007

Clavel es un catalanismo. Su evolución hasta llegar al castellano es esta:

> Cat. *clavell* ('clavo de clavar') > cat. *clavell* ('clavo de especia') > cat. *clavell* ('flor del clavel') > cast. *clavel* ('flor del clavel')

Este nombre está basado en una doble metáfora. En primer lugar, alguien vio una semejanza entre la forma del clavo de clavar y la del clavo de especia. Hoy pensamos en los clavos relucientes de la ferretería y nos puede parecer extraño, pero si imaginamos uno de forja antiguo y oxidado, la comparación no nos parecerá tan descaminada.

Sobre esta primera metáfora visual se construye la siguiente, esta vez por el olfato. Alguien debió de apreciar un cierto parecido entre el olor del clavo de especia y el de la flor, y por eso se empezó a utilizar el nombre del uno para la otra.

Covarrubias lo explica así en su *Tesoro de la lengua castellana*:

> CLAVEL, flor conocida por su excelencia. Diéronle este nombre por el olor grande que tiene del clavo aromático. Hace mención della el Doctor Laguna sobre Dioscórides [...] y añade: de algunos se dice clavel en España por ser olorosa su flor, como los clavos de especias [...]

A lo mejor esta etimología te ayuda a disfrutar un poco más del próximo clavel que veas y huelas. Quién sabe...

Origen del futuro en español

3 de diciembre de 2007

El futuro castellano *cantaré* tiene su origen en una perífrasis de obligación formada con el infinitivo y el verbo *haber*. Esta es la evolución hasta llegar a la forma actual:

Cantare habeo > cantar he > cantaré

Cantare habeo significaba 'he de cantar', 'tengo que cantar'. Esta perífrasis fue sufriendo un desgaste de su sustancia fónica. Antes de quedar reducida a una sola palabra, pasó por un estadio intermedio en el que el auxiliar *haber*e había experimentado ya una reducción, pero mantenía su independencia. Véase este ejemplo en el que incluso se interpone el pronombre átono *os* entre uno y otro verbo:

> (1) Forcejad siempre contra la corriente de vuestras pasiones. Mirad que es grande su furia y, si tantico os descuidáis, *llevaros ha* al bajo de las miserias [Juan Sanz: *Cartas espirituales,* 1602-1608, tomado de CORDE]

El paso siguiente es ya la forma actual:

> (2) Vendrá un coche a buscaros y os llevará a la estación [Ramón Pérez de Ayala: *Tinieblas en las cumbres*]

Podemos percibir que el origen de las desinencias de futuro está en el verbo *haber* comparándolas con el auxiliar de los tiempos compuestos:

Amar *-é* – *he* amado
Amar *-ás* – *has* amado
Amar *-á* – *ha* amado
Amar *-emos* – *hemos* amado
Amar *-éis* – *habéis* amado
Amar *-án* – *han* amado

El desgaste de la forma va acompañado del desgaste del significado. En una orden va implícita una idea secundaria de futuro porque los mandatos, por lo general, nos obligan a hacer algo más adelante. Al erosionarse el significado de esta expresión, se perdió la idea de obligación y solo quedó la de futuro, que es la que está presente en el ejemplo (2) arriba.

He dicho que la idea de obligación se pierde, aunque esto no es del todo cierto. Aún persiste en ciertos usos. El futuro en español sirve a veces para mandar. Esto es un recuerdo de su origen y es el valor que encontramos en el siguiente ejemplo:

> (3) ¡*Te callarás*, imbécil! [Leopoldo Lugones: *Nosotros*]

Si nos fijamos de nuevo en el ejemplo (1), veremos que se ha perdido la idea de mandato (no hay nadie que dé una orden); pero se mantiene una idea de necesidad. Podríamos parafrasear la oración como:

> (4) La corriente de vuestras pasiones *os llevará por fuerza* al bajo de las miserias

o

> (5) La corriente de vuestras pasiones *os llevará necesariamente* al bajo de las miserias

Hoy el futuro en una sola palabra *amaré* (forma sintética) alterna con la perífrasis *voy a amar*. Este es un ejemplo del movimiento en espiral característico del cambio lingüístico. Sabiendo que el latín tuvo también un futuro sintético (*amabo* 'amaré') que no sobrevivió en castellano, podremos apreciar cómo se van renovando los medios que se han utilizado sucesivamente para expresar este tiempo:

Forma sintética (*amabo*) > perífrasis (*amare habeo*) > nueva forma sintética (*amaré*) > nueva perífrasis (*voy a amar*)

Al final, hemos andado mucho para quedarnos donde estábamos.

La marca Nike

6 de diciembre de 2007

El nombre *Nike* viene del griego clásico *níke*. Su significado es 'victoria', lo que, desde luego, resulta muy adecuado para una marca de material deportivo.

Su pronunciación más habitual en España es «náik». Esta pronunciación no es desconocida en inglés, aunque en los registros más esmerados de esta lengua se prefiere «náiki».

Parece que en los últimos años los hablantes se van apartando, sobre todo para el inglés, de la tendencia tradicional a pronunciar las palabras extranjeras a partir de la escritura leyendo como si fuese castellano. Esto probablemente tiene que ver con el prestigio de lo anglosajón. Lo que ocurre es que tampoco se acierta siempre con la pronunciación inglesa o, por lo menos, con la forma más prestigiosa.

Tilde en adverbios terminados en -mente

8 de diciembre de 2007

Los adverbios terminados en *-mente* se acentúan igual

que el adjetivo sobre el que están formados. Es decir, si el adjetivo lleva tilde por sí solo, también la lleva el adverbio; y si el adjetivo no la lleva, tampoco la lleva el adverbio:

*Rá*pida > *rá*pidamente
*Ra*ra > *ra*ramente

Rápida es una palabra esdrújula. Todas las palabras esdrújulas llevan tilde en castellano y, por tanto, el adverbio *rápidamente* hereda la tilde.

En cambio, *rara* es una palabra llana terminada en vocal. No le corresponde tilde según las reglas de acentuación, así que *raramente* se queda sin nada que heredar y se escribe también sin tilde.

Esta forma excepcional de acentuación se explica porque la ortografía mantiene un recuerdo del origen de los adverbios terminados en -mente.

Etimología de 'tisana'

10 de diciembre de 2007

Una tisana es hoy un cocimiento de hierbas. El nombre es de origen griego. Viene de *ptisáne,* que era una bebida hecha a base de cebada. El nombre *ptisáne,* a su vez, viene del verbo *ptísso,* que significaba 'machacar', 'majar' o también 'descascarillar' porque este era el proceso que se seguía con el grano para preparar la bebida. La denominación se basa en una metonimia (en este caso, el proceso por el producto).

Como ocurre con muchos otros helenismos, llega al castellano y a las otras lenguas románicas a través del latín. Este es el recorrido:

> Gr. *ptísso* ('machacar, descascarillar') > gr. *ptisáne* ('bebida de cebada') > lat. *ptisana* ('bebida de cebada') > cast. *tisana*

¿Y cómo se pasa de un agua de cebada a un cocimiento de hierbas? La explicación está en la medicina antigua. El agua de cebada era uno de los principales remedios contra la fiebre y servía de base también para diversos cocimientos o infusiones de hierbas. Al final acabó utilizándose para cualquier cocimiento o infusión medicinal, llevara cebada o no.

Una pequeña aclaración antes de terminar: la cerveza se hace de cebada triturada, pero no es lo mismo que una tisana, ¡cuidado!

¿Académicos o profesores universitarios?

11 de diciembre de 2007

En España, cuando hablamos de académicos, tradicionalmente nos referimos a los miembros de las Reales Academias. Este término se asocia sobre todo con los miembros de la Real Academia Española, que es la encargada de velar por el idioma; pero también se aplica a los pertenecientes a las otras corporaciones, como la Real Academia de la Historia o la Real Academia Nacional de Medicina.

Sin embargo, en los últimos años va avanzando otro uso de la palabra por influencia del inglés. En esta lengua *academic* significa 'profesor universitario', por lo que fácilmente se desliza el falso amigo *académico* en traducciones apresuradas o descuidadas. He aquí un ejemplo:

> Como la rueda, el alfabeto y la fermentación del vino, los fondos de cobertura nos hicieron levantar la ceja a *los académicos* [*El País* (España), 16-9-2007]

El ejemplo anterior está tomado de un artículo de Paul A. Samuelson, premio Nobel de economía y catedrático del MIT. El artículo original estaba escrito en inglés, y se debería haber traducido *los profesores universitarios* o, quizá, *los miembros del mundo académico*, expresión que sí se interpreta como referida a los universitarios.

Este uso va extendiéndose y ya no solo se encuentra en traducciones sino también en textos redactados directamente en español. Esto fue lo que ocurrió en este titular de noticia:

> La Caixa 'ficha' a diez *académicos* para su Servicio de Estudios [*Abc* (España), 4-10-2005]

Cuando continuamos leyendo, descubrimos que se trata de catedráticos de universidad y, por tanto, del sentido anglizante de *académico*.

Habrá que ver si con el tiempo esta nueva acepción triunfa o si no pasa de ser una moda pasajera.

Gerundio de posterioridad

13 de diciembre de 2007

El gerundio de posterioridad es un uso antinormativo. Se

incurre en él cuando en una oración aparece un gerundio que expresa una acción posterior a la del verbo principal. Veamos un ejemplo:

> Un grupo de desconocidos *ha prendido fuego* al vehículo, *resultando calcinados* éste y otros tres turismos [...] [*El Mundo* (España), 11-9-2001]

En el ejemplo anterior hay dos acciones diferentes:

> 1.º ... *ha prendido* fuego... (verbo principal)
> 2.º ... *resultando* calcinados... (gerundio)

Una solución correcta (entre muchas posibles) es esta, en la que sustituimos el gerundio por un verbo en forma personal:

> Un grupo de desconocidos *ha prendido fuego* al vehículo, que *ha resultado calcinado* junto a otros tres turismos

Es correcto que la acción expresada por el gerundio suceda antes que la del verbo principal:

> *Previendo* nuevos sucesos, la rectora Milena Bravo *ordenó* la suspensión de las actividades [*El Universal* (Venezuela), 28-11-2007]

La oración anterior es correcta porque la secuencia temporal es la siguiente:

> 1.º *Previendo* nuevos sucesos... (gerundio)
> 2.º ... *ordenó* la suspensión... (verbo principal)

También es correcto que la acción del gerundio y la del verbo principal sucedan simultáneamente:

> Ayuso *caminaba moviendo* los brazos a destiempo [José Manuel Caballero Bonald: *Dos días de setiembre*]

Caminar y mover los brazos son acciones que se producen al mismo tiempo. No hay nada que objetar a este uso del gerundio.

Todas las precauciones son pocas con el gerundio. Muchas personas lo utilizan porque les *suena fino* o *importante*. En la práctica, se presta a muchos errores e, incluso cuando es correcto, no siempre es muestra del mejor estilo.

Etimología de 'domingo'

16 de diciembre de 2007

Domingo viene de *dominicus (dies),* 'día del señor'.

Nuestra semana de siete días es la semana romana. En esta, los días tomaban su nombre de los astros del sistema solar. Nuestro domingo era para los romanos el día del sol. Hoy se conserva memoria de esto en las lenguas germánicas, que aún lo llaman así, por ejemplo, inglés *Sunday* o alemán *Sonntag*.

En nuestra tradición religiosa este es el día en que resucita Cristo y por eso se le consagra a él desplazando al sol. Las lenguas románicas están de acuerdo en esto: en castellano, portugués y gallego lo llamamos *domingo,* en catalán *diumenge,* en francés *dimanche,* en italiano *domenica,* en rumano *duminică,* etc. Este día acabó también imponiéndose frente al sábado como día de celebración religiosa para los cristianos.

Covarrubias lo explica así en su *Tesoro de la lengua castellana*:

> DOMINGO, el día del Señor [...] En la ley antigua se celebraba la fiesta del sábado en memoria de que Dios, habiendo criado el mundo —y al séptimo día, que tiene por nombre sábado—, descansó y cesó de la obra de la creación [...] Pero en la ley de Gracia, por memoria de que el mesmo Señor que crio este mundo y al hombre, tomando nuestra humanidad el Verbo Divino, segunda Persona de la Santísima Trinidad, le reparó con su Encarnación, Pasión, muerte y Resurrección, en memoria deste tan grande beneficio, los cristianos pasaron la celebridad y fiesta al día siguiente del sábado, en el cual el Señor resucitó glorioso, impasible, habiendo descansado de la obra de la Redención, que tanto le costó [...] De aquí empezó el trabajo que le hizo sudar y sudar gotas de sangre en el huerto y después verter arroyos della, muriendo en la cruz. Pero resucitando al tercero día nos le dejó santificado para guardarle, llamándole día del Señor y vulgarmente domingo [...]

Condicional de rumor

17 de diciembre de 2007

El condicional de rumor es el uso de la forma condicional del verbo para no comprometerse con la veracidad de lo que se está diciendo, por ejemplo:

> Liedson, que cumple en diciembre próximo 30 años, *encabezaría* una lista de delanteros que el club sevillano maneja para suplir al avanzado de Mali, según el periódico [as.com (España), 16-11-2007]

Se trata de un uso muy extendido en el lenguaje periodístico, puesto que es una forma económica de indicar que el redactor ni afirma ni niega, sino que se limita a transmitir una información.

Los puristas no lo aceptan por ser un calco del francés. Para que el ejemplo de arriba resultara más *castizo*, bastaría con sustituir el condicional por el futuro, pues la expresión *según el periódico* ya indica la falta de compromiso con la veracidad de la información:

> Liedson, que cumple en diciembre próximo 30 años, *encabezará* una lista de delanteros que el club sevillano maneja para suplir al avanzado de Mali, *según el periódico*

Desde el punto de vista de la eficacia de la comunicación, sin embargo, esta solución no es ideal porque *despista* al lector: primero le hace creer que se le está informando de un hecho (*encabezará*) para a continuación hacerle ver que se trata tan solo de una posibilidad (*según el periódico*).

La opción para evitar el condicional de rumor es siempre utilizar expresiones adicionales que indiquen cuál es el grado de compromiso con la información que está transmitiendo, por ejemplo:

> Es posible que...
> Puede que...
> Parece ser que...
> Al parecer...
> Quizás...
> De ser cierta la información que manejamos...

Esto puede dar lugar a una redacción pesada, sobre todo

en pasajes extensos que requieran muchas puntualizaciones de este tipo.

Origen de los adverbios terminados en -mente

19 de diciembre de 2007

Los adverbios terminados en *-mente* (por ejemplo, *sinceramente*) no existían en latín. Son una innovación de las lenguas románicas. Surgen de expresiones como esta:

> Clara mente ('con mente clara')

Lo que tenemos en el ejemplo es un adjetivo (*clara*) combinado con el sustantivo *mente*. El sustantivo y el adjetivo están en caso ablativo, que era el del complemento circunstancial. Esta combinación podía aparecer en oraciones del tipo:

> Te lo digo con la mente clara

Al principio, los adjetivos tenían que ser compatibles con el significado de *mente*. Después *mente* se va vaciando de significado hasta quedar convertido en un elemento que sirve para formar adverbios a partir de adjetivos. La pérdida de significado va acompañada de la pérdida de libertad en el plano formal: deja de ser una palabra independiente para convertirse en un sufijo que forzosamente va ligado a un adjetivo.

Todavía encontramos un indicio de su origen en el hecho de que el adverbio se construya a partir de la forma femenina del adjetivo. El sustantivo *mente* era femenino y el adjetivo tenía que concordar con él.

Encontramos otro rastro de su procedencia en el doble acento que presentan estos adverbios en la lengua oral; decimos:

*Clárameń*te

Tanto el adjetivo como el sufijo adverbializador *-mente* llevan su propio acento como recuerdo de que en su día fueron palabras independientes. Esto es excepcional en nuestra lengua. Lo normal es que los compuestos lleven un solo acento, por ejemplo *saca*córch*os,* donde el acento recae únicamente sobre el segundo componente.

También en la lengua escrita, la acentuación de los adverbios en *-mente* es particular: solo lleva tilde el adverbio si el adjetivo la lleva por sí solo, como *rápidamente.*

Hay otra peculiaridad más que se explica por su origen. Cuando se coordinan dos de estos adverbios, lo normal es que el sufijo sólo aparezca en el segundo:

> Este es un punto de vista general en todos los asuntos políticos: cuanto se haga, hay que hacerlo *honrada y sinceramente* [Ángel Ganivet: *Idearium español*]

Esto no ocurre con otros sufijos. Es el antiguo sustantivo independiente que asoma una vez más.

El sustantivo latino *mens, mentis* se ha *roto* en dos en su paso al castellano y a las otras lenguas románicas: un nombre *mente* que es su sucesor directo y un sufijo adverbializador *-mente.* Hoy los hablantes no reconocen ninguna relación entre uno y otro a pesar de que históricamente son hermanos y tienen la misma forma. Es normal: los hablantes se dedican a hablar y no a hacer historia de la lengua. ¡Por suerte!

Las siglas se escriben sin puntos

21 de diciembre de 2007

Las siglas en español se escriben *sin puntos*. Las Academias se refieren a esto en dos artículos del DPD:

> Actualmente las siglas no llevan puntos entre las letras que las componen (*OTAN*), salvo que formen parte de un enunciado escrito todo él en mayúsculas (DPD: *punto,* 2.3)

> Las siglas se escriben hoy sin puntos ni blancos de separación. Solo se escribe punto tras las letras que componen las siglas cuando van integradas en textos escritos enteramente en mayúsculas: *MEMORIA ANUAL DEL C.S.I.C.* (DPD: *sigla,* 5.a)

Esta es una cuestión que se mueve entre las reglas ortográficas y las convenciones ortotipográficas.

Bodega, botica, boutique

24 de diciembre de 2007

Hoy día tenemos en español tres nombres que están emparentados históricamente, pero que tienen diferente significado y consideración social: *bodega, botica* y *boutique.*

Los tres vienen del griego *apothéke,* que significaba 'almacén'. Cuando se conoce la etimología, enseguida se cae en la cuenta de que sus significados están relacionados: los tres son sitios donde se almacenan cosas (que después se pueden vender). Los almacenes estaban normalmente en los sótanos, que eran el mejor lugar para conservar alimentos, bebidas, hierbas medicinales, etc. En una bodega se prepara, guarda y elabora el vino; en una botica, las medicinas; y en una *boutique,* mercancías en general. De hecho, la *boutique* era en francés al principio cualquier tipo de tienda y solo después se especializó en el significado de tienda de moda o de productos selectos.

Mientras que la palabra *bodega* pertenece a un nivel neutro de lengua, *botica* pertenece a los niveles populares y *boutique* a los de prestigio.

La palabra *bodega* es perfectamente presentable en sociedad, pero puede aparecer también en los contextos más populares. Es como esas camisas que quedan bien igual con un traje que con unos vaqueros. El vino lo mismo se bebe en la taberna que en los palacios, en bota que en copa de cristal.

Cuando hablamos de una botica o de un boticario, no podemos evitar pensar en las cosas de antiguamente, en los pueblos, en partidas de dominó con el boticario, el cura y el alcalde, en un mundo que ya no existe o está dejando de existir. Si a un licenciado en farmacia recién salido de la facultad le digo que ya es boticario, me pondrá mala cara. Si le digo que es farmacéutico, la cosa cambia. *Botica* y *boticario* tienen un tufillo sospechoso y han sido sustituidos por los términos más prestigiosos *farmacia* y *farmacéutico.*

Lingüísticamente, el origen de la *boutique* es el mismo que el de la botica y, sin embargo, su consideración social es muy diferente. *Boutique* nos llega a través del francés. Esta palabra recibe su prestigio del que tienen la lengua y la cultura francesas, de París como uno de los grandes centros de la moda internacional y de la condición selecta de las mercancías que allí se venden. Tanto prestigio tiene que es capaz de traspasárselo a todo lo que se le arrime. Piénsese en la diferente impresión que producen estas dos oraciones:

> Mi hijo ha puesto una tienda de ropa
> Mi hijo ha puesto una *boutique*

Las dos se refieren a la misma realidad, pero al oír la segunda no podemos dejar de pensar en un establecimiento con un cierto nivel. Quien utiliza esta palabra participa del prestigio de la cultura que nos la dio y de los productos que se venden en esas tiendas.

A los franceses les resultan curiosos otros usos del término que hemos empezado a hacer en español para diseminar su prestigio, para elevar realidades muy humildes, por ejemplo:

> *Boutique* del pan
> *Boutique* de la fruta

Hoy muchos comerciantes estarían dispuestos a abrir una *boutique* del pan, pero ya hace falta más valor para decir que vas a poner una tahona.

Al final, la cuestión es *dime con quién andas y te diré quien eres*. El vino pertenece a lo popular y castizo, pero también a lo culto y distinguido. Entender de vino siempre es un signo de distinción y refinamiento. Por eso la palabra *bodega* se mueve con la misma comodidad en la corte que en la aldea. La botica pertenece a lo castizo y popular, pero le falta el sentarse a las buenas mesas y codearse con las gentes *de posibles*. En francés todo resulta siempre más fino y el lujo es más lujoso. Esto incluye, naturalmente, a las *boutiques* parisinas y a cualquier realidad que toquemos con la varita mágica de la palabra *boutique*.

¿O no? ¿A ti qué te parece?

'Amoto' y 'atril': reanálisis

27 de diciembre de 2007

Las formas *atril* y *amoto* son el resultado de sendos procesos de reanálisis que han alterado las fronteras entre el artículo y el sustantivo.

Nuestro atril procede del latín *lectorile* (que, a su vez, procedía de *lector*). Esta fue su evolución:

Lectorile > latril > atril

La secuencia anterior se explica porque alguien debió de creer que la ele inicial formaba parte del artículo, así que una parte del nombre quedó embebida en el artículo:

El latril > el atril

El sustantivo *moto*, por su parte, surge de *motocicleta* por acortamiento:

Motocicleta > moto

Aparece así un nombre femenino terminado en -o. Esto no es más extraño que otros nombres femeninos terminados en -o como *mano,* pero contribuyó al cambio. Si en el caso de *atril* una parte del nombre pasó al determinante, en el de *moto* es el determinante el que le va a ceder un *trocito* al nombre:

Una moto > un amoto

Estas dos palabras tienen diferente consideración desde el punto de vista normativo: *amoto* se considera incorrecta, mientras que *atril* es correcta, pero, como vemos, el proceso histórico que dio lugar a su aparición es el mismo.

Etimología de 'enero'

1 de enero de 2008

Enero es el mes de Jano. Los romanos representaban a este Dios con dos caras, como en la moneda de la imagen, pues Jano era la divinidad de los umbrales y de las puertas (no olvidemos que estas tienen también doble cara). Era también el Dios de las transiciones. Es coherente, por tanto, que se le dedicara el mes con el que empieza el año, pues enero mira al año que entra y al que se va.

El nombre del mes en latín era *januarius,* aunque a nosotros nos llega a través de la forma vulgar *jenuarius*:

Januarius > jenuarius > enero

Los títulos no llevan punto

3 de enero de 2008

No llevan punto al final ni los títulos ni los subtítulos de libros, capítulos, apartados, secciones, etc. Esto es así siempre que ocupen por sí solos un renglón; por ejemplo, si escribo un título en la portada de un libro:

Fortunata y Jacinta

De acuerdo con lo anterior, tampoco llevará punto al final un epígrafe de un trabajo que estoy escribiendo:

1. Clases de palabras

Cuando se citan los títulos, solo se pone punto cuando corresponda por su posición dentro de la oración en que aparecen. Así, en el primer ejemplo de los dos siguientes, no puede haber punto porque el título aparece citado en el interior de la oración; en cambio, en el segundo sí que es necesario porque el final del título citado coincide con el final de la oración:

> *Fortunata y Jacinta* es una de las mejores novelas escritas en castellano.
>
> Estoy leyendo *Fortunata y Jacinta*.

Poner punto a los títulos es un error que se comete muy frecuentemente por ultracorrección ortotipográfica y que afea mucho un documento.

'Decimoprimero' y 'decimosegundo'

7 de enero de 2008

Los numerales ordinales decimoprimero y decimosegundo están aceptados en la norma desde la publicación del DPD en 2005.

Los ordinales tradicionales para 11 y 12 son, respectivamente, las formas irregulares undécimo y duodécimo; pero los ordinales apenas se utilizan a partir de diez. Lo normal es decir *el piso once* o *el doce congreso*. De ahí que estas formas tradicionales fueran cayendo en el olvido. Por eso mismo nuestro sufrido hablante se encuentra en un aprieto cada vez que le da por utilizar los ordinales en estos casos (lo cual le suele pasar cuando quiere *hablar bien*). Así surgieron las formas analógicas *decimoprimero* y *decimosegundo,* que toman como modelo los siguientes numerales de la serie: *decimotercero, decimocuarto,* etc.

Aunque ya se han aceptado *decimoprimero* y *decimosegundo,* se siguen prefiriendo las formas irregulares *undécimo* y *duodécimo*. En la práctica, insisto, hay pocas oportunidades de hacer uso de unas y otras porque lo normal a partir de diez es utilizar las formas cardinales con valor ordinal. Esto es igual de correcto y más sencillo, por lo que resulta preferible.

Los ordinales en cuestión se pueden escribir correctamente de dos formas:

a) Decimoprimero, decimosegundo
b) Décimo primero, décimo segundo

Como siempre que se puede elegir entre escribir junto y separado, es preferible hacerlo junto. Si se escriben con letra hay que tener en cuenta que la variante en una sola palabra nunca lleva tilde (**dé*cimosegundo).

Por otra parte, tampoco hay muchas ocasiones de escribir estas formas porque lo normal a partir de diez en la lengua escrita es la forma numérica, por ejemplo:

11.ª edición
XII aniversario

En resumen, puedes decir tranquilamente *decimoprimero, decimosegundo* o puedes también atenerte al uso tradicional (*undécimo, duodécimo*), pero casi siempre será preferible y más sencillo decir simplemente *el once congreso, el puesto número doce* o *la planta once.*

‘Hacia’ y ‘de cara a’

10 de enero de 2008

Hoy día tenemos en español una preposición *hacia* y una locución prepositiva *de cara a* con diferentes significados, pero que han seguido una evolución análoga.

Nuestra preposición *hacia* no existía en latín. Es una invención castellana a partir de la expresión *faze a,* que significaba, exactamente, ‘cara a’ (todavía hoy conservamos el sustantivo *faz* como sinónimo de *cara*). Esta expresión sufrió un desgaste progresivo en su forma y en su significado.

En cuanto a la forma, desapareció la efe inicial, como

les ocurrió a todas las palabras que empezaban por ese sonido en castellano. Además, la preposición *a* perdió su independencia y se fundió con el sustantivo. La unidad resultante perdió su acento y pasó a pronunciarse apoyándose en la palabra siguiente. Cuando decimos *hacia Salamanca,* en realidad estamos pronunciando una unidad con un solo acento:

> aciasala*mán*ca

En cuanto al significado, se perdieron las referencias concretas a la cara como parte del cuerpo y al estar mirando hacia un sitio. Solo quedó la idea, más abstracta, de orientación.

Y así es como llegamos a la actual preposición *hacia.*

De cara a está sufriendo un proceso similar. En primer lugar nos tenemos que fijar en su significado literal de orientación espacial, como en el siguiente ejemplo:

> Cuando no tenían frase los colocaba *de cara a la pared,* como niños castigados [Francisco Álvaro: *El espectador y la crítica: El teatro en España,* p. 159]

A partir de aquí van surgiendo usos figurados en los que el espacio ya no es físico sino figurado, metafórico, pero en los que todavía se identifica con claridad la noción espacial:

> La ampliación de los márgenes al ±15% permite, *de cara a la opinión pública,* seguir afirmando la viabilidad del proyecto de unión monetaria [José Barea y Maite Barea: *Después de Maastricht, ¿qué?,* p. 30]

Llevando más allá la metáfora, se llega a una expresión abstracta con valor prospectivo y de finalidad (que podemos parafrasear con la expresión 'con vistas a'):

> La República tuvo tiempo para reorganizarse *de cara a la defensa de Madrid* [Hugh Thomas: *La Guerra Civil Española, 1936-1939*, p. 447]

De forma análoga a lo que ocurrió con *faze a*, esta locución está sufriendo un progresivo desgaste de su forma. En el ejemplo anterior se mantiene íntegra la sustancia fónica. En este otro, en cambio, la primera preposición ya ha desaparecido:

> [...] la junta directiva [...] permanece en Madrid tratando de poner en práctica una serie de proyectos internos [...] (aparte de las medidas ya acordadas *cara a* las autoridades y prensa de Madrid) [Celso Almuiña Fernández: *La prensa vallisoletana durante el siglo XIX (1808-1894)*, p. 538]

Para algunos hablantes, incluso, lo único que queda de la expresión inicial es el sustantivo *cara*, como en este ejemplo que encuentro en un foro de Internet:

> [...] toda la legislatura sin hacer nada en materia de vivienda, y ahora *cara las elecciones* empiezan a estudiar medidas [...] [Rankia, Foro de vivienda, acceso 10-1-2008]

En cuanto a la erosión del significado, se pierde la referencia a una parte concreta del cuerpo y la expresión va adquiriendo valores cada vez más abstractos, hasta el punto de que en muchos contextos es intercambiable simplemente con la preposición *para*.

No es casualidad que la misma parte del cuerpo intervenga en épocas diferentes en la formación de nuevas preposiciones. Este fenómeno se basa en mecanismos de conceptualización universales. Los seres humanos tratamos de entender los conceptos abstractos apoyándonos en ideas concretas, en realidades de las que tenemos una experiencia inmediata.

Uno de los primeros descubrimientos del niño es su propio cuerpo. Este conocimiento se traslada a otros ámbitos, como el espacio y el tiempo o a relaciones lógicas como la de finalidad. Pensemos, por ejemplo, que cuando queremos indicarle a alguien cómo llegar a un sitio le decimos que queda *a mano izquierda* o *a mano derecha*. El cuerpo nos sirve para estructurar nuestra percepción del espacio.

Las partes del cuerpo que intervienen en la aparición de palabras gramaticales son, además, siempre las mismas. Se trata de partes muy básicas, que tienen una gran relevancia cognitiva. Las lenguas del mundo están repletas de palabras gramaticales que surgen de nombres para la cara, la frente, la espalda, las manos... Esto, en cambio, no pasa ni con las uñas, ni con el dedo gordo del pie, ni con las verrugas.

El caso de *hacia* y *de cara a* es interesante para ilustrar cómo las lenguas, en su evolución, siguen ciertas vías que se van repitiendo a lo largo del tiempo. Otra cosa es la consideración normativa que pueda tener esa evolución, pero eso ya es harina de otro costal.

¿Referéndums, referenda, referéndum o referendos?

11 de enero de 2008

El plural de *referéndum* es *referéndums,* con *-s* al final.

La norma general es que las palabras latinas acabadas en *-m* forman su plural en castellano añadiendo una *-s*:

Pódium > pódiums
Memorándum > memorándums
Factótum > factótums
Ítem > ítems

Esta es la solución adoptada por las Academias en el DPD (concretamente, en el artículo sobre *plural,* secciones 1.h y 1.k).

Las siguientes posibilidades compitieron históricamente con la actual solución, pero no triunfaron y ya no se consideran válidas:

a) Atenerse al plural latino: hoy debemos evitar formas como **referenda.*

b) Utilizar la forma singular también para el plural: **los referéndum.*

Los hablantes mostraban una preferencia clara por el plural en *-s* y la norma ha terminado por dar cuenta de este hecho.

Nuestros académicos prefieren, eso sí, que utilicemos la forma castellanizada siempre que esté disponible. O sea, es preferible decir *el referendo, los referendos* a *el referéndum, los referéndums.*

Hay un par de excepciones a la regla de formación del plural anteriormente enunciada:

> a) Las locuciones se mantienen invariables en plural, por ejemplo: *los currículum vítae* (no se añade *-s* a ninguno de los elementos de la locución)
>
> b) *Álbum* tiene un plural ya asentado *álbumes,* por lo que no se debe decir ni escribir *álbums*

Como ya habrá notado el agudo lector, los latinismos se acentúan siguiendo las normas generales cuando, como estos, han quedado integrados en el léxico castellano.

Caucus

14 de enero de 2008

En estos días se está utilizando mucho la palabra *caucus* porque se están desarrollando las primarias para elegir al nuevo Presidente de Estados Unidos.

Dentro del complejo sistema electoral de este país, los *caucus* son asambleas de los partidos políticos. Estas sirven en algunos Estados para elegir delegados que tendrán un papel directo o indirecto en la designación del candidato a Presidente. Iowa, por ejemplo, utiliza este sistema.

No voy a entrar aquí en los detalles de qué es un *caucus.* Eso lo tienes explicado en el artículo correspondiente en la Wikipedia en inglés o en español. Lo que me interesa es el uso de esta palabra en nuestra lengua.

Si vamos a buscarla a los diccionarios académicos, veremos que no aparece ni en el DRAE ni en el DPD. Eso no quiere decir necesariamente que su uso sea incorrecto.

Esta es una de tantas palabras que no están recogidas en el diccionario pero que son necesarias. Y probablemente acabará incorporándose con el tiempo.

Su uso en relación con el proceso electoral estadounidense está más que justificado, puesto que es un nombre necesario para referirnos a esa realidad específica. Si lo sustituyéramos por uno castellano como *asamblea* o *convención,* ganaríamos quizás en casticismo, pero no en precisión ni en claridad.

Eso sí, debemos tener la precaución de escribirlo en cursiva por su condición de extranjerismo.

Su plural en español es *caucus,* invariable. Sigue en esto el modelo de las palabras terminadas en *-s* que no son agudas, como *virus*:

> El virus > los virus
> El *caucus* > los *caucus*

Veamos un ejemplo de este plural en un texto periodístico de hace unos días:

> El ex Gobernador de Massachussetts, Mitt Romney, ganó hoy los *caucus* del Partido Republicano en el Estado de Wyoming [...] [*La Vanguardia* (España), 5-1-2008]

Debe evitarse el plural a la inglesa **caucuses.*

En resumen:

> a) *Caucus* es un extranjerismo necesario que nos permite referirnos de manera precisa e inequívoca a una institución determinada.
>
> b) Como es un extranjerismo, debemos escribirlo en cursiva

c) Utilizamos para el plural la misma forma que para el singular: *caucus.*

Y ahora solo está por ver qué candidato saldrá al final de tanto caucus y tantas primarias.

Etimología de 'robot'

15 de enero de 2008

Robot es una palabra internacional de origen checo. A nosotros nos llega por mediación del inglés, como ha ocurrido con tantas palabras de lenguas que para los hablantes hispánicos resultan más o menos exóticas.

Su origen es el sustantivo checo *robota,* que significa 'trabajos forzados, servidumbre'.

Se utiliza por primera vez en la obra de teatro *R.U.R. (Robots Universales de Rossum)* (1921) de Karel Čapek. El dramaturgo le atribuyó la acuñación del término a su hermano Josef, según datos aportados por Dominik Zunt.

Este es uno de los pocos préstamos del checo que tenemos en nuestra lengua.

Haplología: de 'impudicicia' a 'impudicia'

18 de enero de 2008

La haplología es un proceso fonológico por el que se elimina una secuencia de sonidos cuando en posición contigua aparece la misma u otra muy semejante. Cuando se da en el interior de una palabra, constituye un caso especial de acortamiento. El término está formado sobre dos raíces griegas: *haplóos* 'simple' y *logía* (de *logos* 'palabra, habla'), por lo que, etimológicamente, viene a significar 'simplificación de una palabra'.

Pronunciar sonidos iguales seguidos resulta a veces complicado. Por eso, puede ocurrir que se simplifique una palabra eliminando la repetición. Por ejemplo, del latín *impudicitia* surgió en castellano una forma *impudicicia* en la que se repetía la secuencia *-ci-*. Esta todavía se recoge en el diccionario, pero ya nadie la utiliza porque fue desplazada por la forma reducida *impudicia*.

El caso de *impudicicia* > *impudicia* está recogido en la norma del español, pero hay otros de tipo popular que no están aceptados, por ejemplo:

> Imposibilidad > *imposilidad
> Parálisis > *paralís

Este tipo de fenómenos se producen frecuentemente en el habla, muchas veces como resultado de lapsus e incluso sin que lleguemos a darnos cuenta.

Abreviaturas para SMS de la RAE

18 de enero de 2008

Me entero por el diario *El País* de que la Real Academia Española estudia crear una tabla de abreviaturas para SMS.

Y ante esto me pregunto: ¿por qué?, ¿para qué?, ¿qué posibilidad hay de que la utilice alguien?

El lenguaje de los SMS es apasionante como objeto de estudio. Más cuestionable parece la necesidad de normativizarlo y, sobre todo, las perspectivas de éxito de esas normas.

¿Y a ti qué te parece?

Palabras únicas en expresiones idiomáticas: 'troche'

19 de enero de 2008

Todos conocemos la expresión idiomática *a troche y moche*, que significa 'en gran cantidad, en abundancia' (con una connotación de desorden), como en este ejemplo, tomado de un blog de Argentina:

> La «mano dura» no significa represión indiscriminada y *multas a troche y moche* sino la aplicación y ejecución de sanciones a los infractores [*Punto Cero hacia el Futuro*, acceso 19-1-2008]

Pero ¿te has parado alguna vez a pensar qué significa *troche*? Probablemente, no; y tampoco hace falta que lo hagas porque no significa nada. Esa palabra solo se usa dentro de la expresión *a troche y moche* y, precisamente, las expresiones idiomáticas se caracterizan por significar en bloque y no compositivamente a partir de los significados de sus componentes individuales.

En cuanto a *moche,* en algunos diccionarios podrás leer que es un adjetivo referido a ciertos pobladores nativos de Perú. Para tranquilizarte te diré que, en primer lugar, los moches peruanos poco o nada tienen que ver con esta expresión y, para continuar, si eres de Madrid como yo o quizás de la ciudad de México, probablemente nunca habrás oído hablar de ellos. Es decir, para nosotros ese significado no existe por más que virtualmente esté disponible en el sistema del léxico del castellano: nunca diríamos *moche* si no es poniéndole delante *troche*.

Esta es una más de las peculiaridades de las expresiones idiomáticas: ciertas palabras solo existen en ellas, por lo que no las encontraremos en otros contextos.

No son muchas, pero las hay. ¿Se te ocurre alguna?

¿'Másteres' o 'másters'?

22 de enero de 2008

Ahora que las universidades españolas están en pleno proceso de reforma y que se está implantando el máster como título oficial, algunos sufridos colegas me preguntan cuál es el plural correcto de esta palabra.

El plural de *máster* es *másteres* según la norma académica. Este sustantivo sigue la misma norma que otros nombres de origen extranjero terminados en *-r* (*suéteres,* escáneres, etc.). Veamos un ejemplo:

> [...] ya empiezan a proliferar licenciaturas y *másteres* diseñados por empresas [*kaosenlared.net*, acceso: 5-12-2009]

Como cualquier préstamo que ya está asentado en nuestra lengua, se acentúa siguiendo las reglas generales.

Etimología de 'dinero'

23 de enero de 2008

Dinero viene del latín *denarius*.

El denario era una pequeña moneda romana de plata,

una de las más corrientes. Originariamente valía diez ases; de ahí su nombre, pues *denarius* significa en latín 'que contiene diez'; y en él podemos reconocer la misma raíz que en *decem* 'diez'.

La palabra sufrió un proceso de *generalización semántica,* es decir, su significado se volvió más general. De referirse a una moneda concreta, pasó a utilizarse genéricamente para moneda y de ahí viene el significado más abstracto de 'dinero'.

De *denarius* procede también el nombre *dinar,* que es el de una unidad monetaria tradicional en varios países islámicos o que históricamente han tenido contacto con el mundo islámico. Así se llama hoy la moneda de Argelia, Jordania, Túnez. También encontramos divisas con ese nombre en la Europa actual, por ejemplo, en Serbia y Macedonia. Estas denominaciones constituyen la prolongación de la antigua acepción de *denarius* como unidad monetaria concreta.

En resumen, de la palabra originaria han surgido otras dos con significados diferentes pero relacionados:

a) *dinero,* de significado general
b) *dinar*, de significado más específico

Acortamiento de palabras

25 de enero de 2008

El acortamiento es un procedimiento de formación de palabras que consiste en eliminar un fragmento de la palabra originaria sin que cambie su significado ni la clase de palabras a que pertenece. Se denomina también *truncamiento*.

Hay tres posibilidades:

a) Se elimina el final de la palabra. Este tipo se denomina *apócope*. Es lo más frecuente, por ejemplo:

(1) Heterosexual > hetero
(2) Universidad > uni
(3) Motocicleta > moto

b) Se elimina el principio. Su nombre técnico es *aféresis*. Es menos frecuente:

(4) Omnibus > bus
(5) Weblog > blog

c) Muy raramente el fragmento eliminado está en el interior de la palabra. Este caso se conoce como *síncopa*. Así surge *Frisco*, que es una denominación coloquial de la ciudad de San Francisco.

El acortamiento tiende a operar sobre palabras largas, por lo que los compuestos suelen ser buenos candidatos.

En algunos casos la forma truncada es la única de uso corriente, quedando relegada la forma plena a lenguajes de especialidad o al lenguaje administrativo. Por ejemplo, a nadie se le ocurre decir que *va al otorrinolaringólogo*, en lenguaje corriente eso es *el otorrino*.

A veces el truncamiento da lugar a formas coloquiales (6) o afectivas (7), por lo que resulta muy frecuente en el lenguaje infantil o también en el que usan los adultos para dirigirse a los niños (8)-(10).

(6) Bolígrafo > boli
(7) Compañero > compa
(8) Colegio > cole
(9) Chuchería > chuche
(10) Cumpleaños > cumple

Muchas formas de confianza de nombres propios surgen así, como (11) y (12):

(11) Francisco > Francis, Fran
(12) Fernando > Nando, Fer

Las palabras resultantes de este proceso suelen mantener el género (13), aunque este a veces (raramente) cambia (14):

(13) El hipermercado > el híper
(14) La pornografía > el porno

Los resultados del acortamiento pueden tener diferente consideración normativa: algunos acaban convirtiéndose en formas estándar (15 y 16) y otros no (17):

(15) Taxi (< taxímetro)
(16) Radio (< radiodifusión)
(17) Peli (< película)

El acortamiento es un proceso con mucha fuerza en la lengua actual, sobre todo entre los hablantes más jóvenes. Así se van creando nuevas palabras que aumentan el caudal léxico del castellano. Estas innovaciones se producen constantemente. Unas triunfan hasta el punto de desplazar a la palabra originaria, otras se hacen un hueco en el léxico coloquial o jergal, y otras —la mayoría— no pasan de ser ocurrencias del momento que caen en el olvido nada más pronunciarlas.

Palabras de origen celta en español

27 de enero de 2008

Las lenguas celtas fueron las más extendidas de Europa hasta la expansión de Roma. Se hablaban desde Galicia hasta Anatolia (la actual Turquía). Sin embargo, en el curso de la historia, su territorio y número de hablantes se fueron reduciendo constantemente hasta quedar relegadas a los rincones más apartados de Europa occidental. Sus últimos reductos los encontramos hoy en Bretaña, Irlanda, Escocia y País de Gales.

Son escasos los restos celtas en el léxico de las lenguas europeas actuales. En la nuestra tenemos algunas palabras de uso tan corriente como *abedul, camino, cerveza, carro, camisa* y *braga;* pero no pasan de ser un puñado.

Los testimonios más importantes están en la toponimia. Por ejemplo, en la Península Ibérica muchos nombres de lugares incluyen *sego* 'victoria' y *briga* 'fortaleza', como Segóbriga, Segovia, Sigüenza y Coimbra. Otros topónimos de origen celta en la península son Arganda, Aranda, Ledesma, Miranda, Osma, etc.

Muchas ciudades europeas son de fundación celta y conservan memoria de ello en su nombre. Solo mencionaré unos pocos ejemplos:

Dublín (de *dubi* 'negro, sombrío' y *lindo* 'agua, estanque')
Milán < Mediolanum ('en medio de la llanura')
París (por la tribu gala de los *parisii*)
Viena < Vindobona ('ciudad blanca')
York < Eburacum (de *eburo* 'tejo')

Los celtas son un pueblo que viene fascinando a los europeos desde el Romanticismo. Quizás tú compartas también ese interés y, si no, espero que esta explicación sirva por lo menos para azuzar tu curiosidad.

¿'En torno' o 'entorno'?

30 de enero de 2008

Una duda ortográfica muy frecuente es si se debe escribir *en torno* (separado) o *entorno* (junto). Pues bien: depende. Hay dos expresiones diferentes que suenan igual pero no se deben confundir en la escritura.

a) *En torno a:* es una locución preposicional que significa 'alrededor de' o, en sentido figurado, 'acerca de'. Se escribe siempre separado:

> [...] el argumento de la novela gira *en torno a* los recuerdos de Maximilien Aue [...] [*el ojo fisgón,* acceso: 30-1-2008]

Hay un truco que nos puede ayudar: fíjate en que cuando se escribe separado, normalmente es *en torno* **a**. Si la preposición *a* no aparece al final, probablemente se trata del siguiente caso.

b) *Entorno:* es un nombre formado a partir de la locución anterior. Un *entorno* es un ambiente, es decir, lo que rodea a algo, el lugar donde se sitúa algo, por ejemplo:

> [...] el autor logra crear una imagen clara del entorno en el que se movían las autoras que compusieron estas obras [...] [*solodelibros,* acceso: 30-1-2008]

Cuando se escribe junto, podemos echar mano de dos trucos (que siempre serán mejor que uno).

En primer lugar, como es un nombre, admite artículo y otros determinantes. Podemos decir *el entorno*, *un entorno, este entorno, mi entorno, algún entorno,* etc.

En segundo lugar, como buen nombre, puede formar el plural: *los entornos.*

Prueba a aplicar estos dos trucos al ejemplo anterior y verás cómo se cumplen.

Espero que estas notas *en torno a* estas dos expresiones te ayuden con la ortografía en todos *los entornos* en que te sea necesario.

Etimología de 'febrero'

3 de febrero de 2008

Febrero viene del latín *februarius*:

> Lat. clás. *februarium* > lat. vulg. *febrarium* > cast. *febrero*

Este era el mes de las purificaciones. En su nombre podemos reconocer el verbo *februo* 'purificar'.

En febrero se celebraba una fiesta de purificación conocida como Lupercales o fiesta de la februa. *Februa* era el nombre que se daba a unas tiras de piel de macho cabrío con las que los celebrantes azotaban a la gente (sobre todo a las mujeres). Este azote ritual tenía un valor purificador. Se suponía además que propiciaba la fertilidad femenina y facilitaba el parto.

Como ya hemos visto a propósito de enero, los nombres de los meses remitían a acontecimientos y divinidades. En el paso del latín al castellano se produce un proceso de convencionalización, es decir, las denominaciones se vacían de toda referencia a figuras o hechos concretos y ya solo nos remiten al mes al que nombran.

Por eso tiene sentido un artículo como este.

Dequeísmo

6 de febrero de 2008

El dequeísmo es un fenómeno antinormativo que consiste en introducir la preposición *de* ante la conjunción *que* en aquellos casos en que esta preposición no viene exigida por el verbo u otro elemento de la oración.

El ejemplo clásico es *pienso de que*. Álex de la Iglesia recurre humorísticamente a él cuando titula así un artículo en el que anda a vueltas con el tema:

(1) «Pienso de que existo» [*El País*, acceso: 6-2-2008]

Este artículo, por cierto, tiene más interés desde la perspectiva social que desde la lingüística, pues revela la percepción tan negativa que se tiene de este fenómeno.

El dequeísmo es un problema de régimen: algunos verbos rigen la preposición *de* y otros no. Pensemos en dos verbos de significado afín (pero no idéntico, ojo), por ejemplo, *librarse de algo* y *evitar algo*, como en las dos oraciones siguientes:

> (2) Mariano se libró *de que* le operaran
> (3) Mariano evitó *que* le operaran

En (2) obligatoriamente tenemos que utilizar la preposición, mientras que en (3), para decir algo muy parecido, debemos evitarla. No es de extrañar entonces que la encontremos empleada incorrectamente en ejemplos dequeístas como (4):

> (4) [...] mucha gente fue convertida al señor y se evitó *de que* muchos hogares fueran destruidos [...] [Comentario de un usuario en L'Absurd Diari, acceso: 5-2-2008]

Las preposiciones regidas por verbos están desemantizadas; y por ahí viene el problema. Tienen una función puramente estructural: el verbo las necesita para introducir uno de sus complementos, pero no aportan ningún significado.

La dificultad no se plantea con preposiciones como las de los dos ejemplos siguientes, que no vienen regidas por el verbo sino exigidas por el sentido:

> (5) El príncipe Carlos es *de Zaragoza* [86400, acceso: 5-2-2008]

> (6) Ya sabíamos que el alma está *en el cerebro* [Blog de Eduard Punset, acceso: 5-2-2008]

Un hablante nativo nunca dudará de cuál es la preposición correcta en (5) ó (6). Si se le ocurriera cambiarla por otra o suprimirla, el sentido cambiaría o se perdería. En cambio, el añadir la preposición *de* al verbo *evitar* no altera el significado.

Se suele proponer un truco para saber si el verbo verdaderamente rige una preposición: sustituir la oración subordinada por el pronombre *eso*. Si la preposición se mantiene, está empleada correctamente:

> (7) Se evitó que muchos hogares fueran destruidos > Se evitó *eso*
>
> (8) *Se evitó de que muchos hogares fueran destruidos > Se evitó *de eso*

Sin embargo, este truco, como todos, sólo funciona a veces. Yo puedo decir *Necesito de tu ayuda,* y, por tanto, *necesito de eso,* pero no **Necesito* de que *me ayudes.*

Al final, nos encontramos ante un problema de diccionario. Este nos debe informar no solo sobre el significado de los verbos sino también sobre su construcción: qué tipo de complementos admiten, si estos van introducidos por alguna preposición, etc. El DPD nos ofrece esta información para los verbos más frecuentes, pero no para todos. Así, nos orienta con *necesitar,* pero nos deja tan perdidos como estábamos en el caso de *evitar.* El excelente diccionario de María Moliner sí que nos saca de apuros muchas veces.

La inseguridad es tanta que muchas veces, huyendo del dequeísmo, caemos en el queísmo. Este es el fenómeno opuesto y consiste en suprimir incorrectamente una preposición regida por un verbo, sustantivo o adjetivo.

Cuando pensamos en dequeísmo, pensamos sobre todo en construcciones verbales. Este es el caso central, aunque hay otros. Pero a cada día le basta su afán y esta entrada ya se ha alargado demasiado. Volveremos sobre el tema.

Alma máter

11 de febrero de 2008

Alma máter es una expresión latina que significa literalmente 'madre nutricia, madre que alimenta'. En sentido figurado se utiliza para referirse a la universidad porque esta alimenta nuestro espíritu. *Alma* es en esta expresión un adjetivo que significa precisamente eso: 'que alimenta'.

He aquí un ejemplo en que se hace un uso jocoso (pero correcto) de la expresión:

> No tengo hambre porque en la Universidad me embuché una chapata. En la renovada cafetería de mi *alma máter* me quede platicando con [...] Alina Poulain [...] [*Talking to Max,* acceso: 10-2-2008]

Nótese que *máter* se escribe con tilde porque las palabras latinas se acentúan siguiendo las reglas generales siempre que estén asentadas en castellano.

Teniendo en cuenta que *alma* es un adjetivo, no debemos cambiar el artículo por la forma masculina, sino que debemos decir *la alma máter,* igual que decimos *la alta costura*. Esto es así porque la regla que exige que cambiemos el artículo femenino por masculino ante a tónica solo afecta a los sustantivos.

Por confusión con el sustantivo *alma* 'ánima', se le suele atribuir a esta expresión el significado de 'persona que anima un grupo, una institución, etc.':

> Jesús Pérez, Raquel Cabrillo, Pablo Pérez y Estrella Pérez son el *alma máter* de Aldekoa [*El Norte de Castilla,* 10-2-2008]

Este uso es, con diferencia, el más extendido, pero es rechazado por la norma, que prefiere el significado etimológico.

Dicho todo esto, la forma correcta de utilizar esta expresión normalmente consiste en evitarla. A no ser que estés hablando específicamente de la universidad, no tiene mucho sentido recurrir a ella. Y si estás hablando de la universidad, mejor di eso: *la universidad.*

Palabras de origen checo en español

12 de febrero de 2008

En castellano tenemos solo unas pocas palabras de origen checo. Casi todas nos llegan por mediación de otra lengua, por ejemplo:

> a) *Obús* pasa del checo al alemán y de ahí al francés. Nosotros lo tomamos prestado de esta última lengua
>
> b) *Robot* tiene como intermediario al inglés

Hay alguna palabra más que tiene que ver con invenciones checas. Cuando hablamos de una cerveza *tipo pilsen,* nos estamos refiriendo a la ciudad de Pilsen, en Bohemia

Occidental, donde se descubre en el siglo XIX un procedimiento mejorado para elaborar cerveza. El nombre checo de esta ciudad es Plzeň, pero a nosotros nos llega, una vez más, en su versión alemana.

Se suele citar también *pistola,* aunque la etimología no es segura. Según la hipótesis más extendida, procede del checo *píšťala* ('flauta, silbato') por mediación del alemán. La otra posibilidad es su origen esté en la ciudad toscana de Pistoia.

Esta escasez de léxico de origen checo revela que la relación entre Bohemia y el mundo hispánico no ha sido, en general, demasiado intensa y que se ha tratado normalmente una relación mediada.

El checo no es una lengua con una gran proyección internacional ni se cuenta entre las mayores del mundo por número de hablantes; pero cuidado, esto no quiere decir que no posea una gran riqueza o que no sea digna de estudio. El valor de una lengua no está en su número de hablantes, como el de una persona no está en el número de ceros de su cuenta corriente; y el checo tiene un lugar bien merecido entre las grandes lenguas de cultura de Europa.

Sobre todo

13 de febrero de 2008

Sobre todo es una locución adverbial que se escribe separada y significa 'especialmente, principalmente'. Veamos un ejemplo:

> La idea de los folletos [...] es acompañar a las mujeres —y al inmigrante en general—, *sobre todo* en materia de autoestima [...] [*Agenda de Derechos Humanos para el Bicentenario,* acceso: 12-2-2008]

Hay también un sustantivo *sobretodo* que se escribe junto. Si eres español, puedes olvidarte de esta palabra porque se refiere a una prenda de vestir que cayó en desuso. Probablemente nunca escribirás sobre ella. Si eres un hablante americano, es posible que esa palabra signifique para ti lo que para nosotros *abrigo*. Procura no confundirla con la expresión anterior.

O sea, prendas de vestir aparte, la forma correcta de escribir *sobre todo* es en dos palabras.

¡Esa palabra no existe!

14 de febrero de 2008

Todos hemos oído alguna vez la conocida fórmula *¡Esa palabra no existe!* Es lo que se le suele espetar a quien acaba de decir algo que le resulta sospechoso a nuestro sentido idiomático. Hoy mismo, en un examen de un alumno de periodismo, he leído que *'alante' no existe*.

Los juicios lingüísticos de los hablantes tienden a ser radicales. Pero lo primero que cabe plantear aquí es que se incurre en una contradicción manifiesta con el dichoso *No existe*. Eso solamente se dice de palabras que sí existen y de cuya existencia tenemos una prueba palpable porque acaban de pronunciarla en nuestras propias narices. Es como si al presentarme a don Mariano García le suelto en su cara: *¡Este señor no existe!* Una palabra que se acaba de utilizar no tiene más remedio que existir.

¿Qué quiere decir entonces el famoso *No existe*?

Por lo general, se trata de un juicio normativo encubierto o quizás inconsciente. Podríamos interpretarlo como 'esa palabra no está recogida en el diccionario'; pero ojo, en el diccionario de la Academia, que es un diccionario normativo, porque sí podría estarlo en uno descriptivo.

Volvamos al ejemplo de *alante* y *adelante*. Nos encontramos aquí con dos variantes de un adverbio que tienen diferente consideración normativa: la primera no está aceptada, mientras que la segunda sí. Si tuviéramos que afirmar seriamente que *alante* no existe, estaríamos ignorando una forma que es probablemente la más frecuente en la lengua oral. Pero no solo existe en la lengua oral. Una búsqueda con Google [13-2-2008] para *alante* nos devuelve 867 000 documentos, frente a 1 270 000 para *adelante;* es decir, en los textos publicados en Internet, la forma normativa registra simplemente un 46% más de apariciones que la no normativa. Si eso es no existir...

A veces este juicio-exabrupto significa simplemente 'no conozco esa palabra', 'mi conocimiento del léxico del español se limita a la variedad de mi región, de la gente de mi edad, de los círculos en que me muevo'. Este caso se me presentó hace años con un amigo al que le contaron un chiste mientras tenía la boca llena de agua. El pobre dijo: «No me hagáis reír, que lo *espurreo*». Inmediatamente los amigos sentenciaron: *Esa palabra no existe.* Pero si vamos al diccionario, veremos que no solo existe, sino que además significa exactamente lo que él quería decir: «Rociar algo con agua u otro líquido expelido por la boca» (DRAE: espurrear). Lo que ocurre es que esa no es hoy una palabra de uso generalizado, sino que ha quedado relegada a contextos regionales.

La clave está en distinguir entre norma y uso. No todo lo que se dice está aceptado en la norma. Y, al revés, no todo lo que está aceptado en la norma se dice. Es muy frecuente que la norma acabe dando cabida a un uso previamente condenado si este logra una aceptación generalizada.

¿Quiere decir esto que todo vale? No. La norma es una realidad para lenguas de cultura como la nuestra. Su desconocimiento tiene consecuencias de calado. Y solo es verdaderamente libre quien puede escoger. Si dominamos la lengua estándar, podremos decidir si atenernos a sus prescripciones o quebrantarlas por motivos de expresividad, de originalidad, de pertenencia a un grupo, etc. Si la desconocemos, quedaremos reducidos a los límites estrechos que nos marca nuestro lenguaje.

Etimología de 'trabajo'

16 de febrero de 2008

Trabajo viene del latín *tripalium,* que significaba literalmente 'tres palos' y era un instrumento de tortura formado por tres estacas a las que se amarraba al reo.

Mediante una evolución metonímica, adquirió el sentido de 'penalidad, molestia, tormento o suceso infeliz' (*Diccionario de la lengua española*: trabajo, 9.). Es decir, este nombre pasó de designar un instrumento de tortura a referirse a uno de los efectos de la tortura: el sufrimiento. Esto supuso perder los rasgos más específicos del significado: ya no hay aquí maderas, ni se ata a nadie a ningún sitio. Eso es lo que significa en este ejemplo de finales del siglo XVII:

> [...] quando veais que Dios embia *trabajos,* hambres, necessidades y guerras, no os aflijais ni penseis que Dios no se acuerda de vosotros, que no ay quando mas os quiera que el dia que os dà *trabajos:* ya la persecucion, ya la enfermedad, ya la muerte del padre, ya la del marido, ya la pobreza [...] [Cristóbal Lozano: *El Rey penitente: David arrepentido,* 3.ª impresión, Valencia, 1698]

Si el sufrimiento lleva unida una retribución económica, ya está aquí nuestro actual concepto de trabajo. Se trata nuevamente de una evolución de índole metonímica, pues el sufrimiento está presente en cualquiera de las actividades con las que nos ganamos el pan. Pensemos, sin ir más lejos, en los trabajos tradicionales del campo. Cualquiera que haya vendimiado sabe lo que es el dolor de riñones, helarse por la mañana, sudar al mediodía, mojarse cuando llueve...

No, si al final va a resultar que tampoco se está tan mal en la oficina... ¿o sí?

Eufemismos

20 de febrero de 2008

En el mundo hay realidades desagradables. Las palabras que las nombran se contagian de ese carácter. Por eso las sustituimos por otras que no hieren nuestra sensibilidad. Los eufemismos son esas formas inocuas o embellecidas. La palabra *eufemismo* no significa otra cosa que *expresión agradable* (del griego *eu* 'bueno, agradable' y *pheme* 'habla').

Este es un procedimiento que siempre ha existido. Por eso abundan los eufemismos tanto en el habla popular como en la culta, lo mismo en la lengua antigua que en la actual. Lo que va variando son las realidades sobre las que pesa la prohibición.

Pensemos en las serpientes. Estos reptiles despiertan en nosotros miedos ancestrales. Hasta hace no tanto representaban una amenaza real para los seres humanos (y aún lo representan en muchas partes del mundo). Si a esto le añadimos que en nuestra cultura simbolizan el demonio, no es de extrañar que se inventara el eufemismo *bicha* para evitar nombrarlas. En ese sentido se utiliza la palabra en el siguiente ejemplo:

> Estaba tendido en el suelo, sollozando, mientras se agarraba con ambas manos una pierna: «Yo me muero, mi amito, me picó *una bicha mala*» [Arturo Uslar Pietri: *Barrabás y otros relatos*]

Los peligros de la vida moderna son de naturaleza muy diferente. Hoy la gente le tiene más miedo al paro que a las víboras. Todos conocemos a algún parado, pero ¿a quién de entre nuestros familiares o amigos le ha mordido una víbora? Un eufemismo para *despidos con indemnización* es *bajas incentivadas*. Los hechos son los mismos, pero se nos pintan menos amenazadores:

> General Motors registra las mayores pérdidas de su historia y anuncia 74 000 *bajas incentivadas* [*El País* (España), 12-2-2008]

Los eufemismos suelen sustituir también interjecciones malsonantes. Por ejemplo, a los niños les dejamos decir *mecachis, jolines* o *jobar*. Estas expresiones ocupan el lugar de otras que solo son aceptables (hasta cierto punto) en boca de un adulto.

Las palabras pueden encubrir pero no cambiar la realidad de las cosas. A la larga, el nombre se acaba contagiando de la fealdad de lo nombrado. Y entonces hay que buscarle repuesto. Se crean así cadenas de eufemismos que van caducando: el lugar destinado a defecar se ha ido llamando *retrete, váter, servicio, baño*... y mañana se llamará de otra forma.

Qué realidades están prohibidas es un problema cultural. Esto va cambiando de unos países a otros, de unas culturas a otras. El eufemismo no es sino la reacción lingüística ante esa prohibición. Y nuestro léxico se va amoldando a prohibiciones cambiantes.

Motu proprio

21 de febrero de 2008

Motu proprio es una expresión latina que significa 'por propia iniciativa'. Si se emplea, se debe hacer sin preposición y con dos erres en *proprio* (o sea, nada de decir **de motu propio* o **por motu propio*). Veamos un ejemplo correcto:

> [Augusto Monterroso,] a la edad de 11 años, *motu proprio,* abandonó la escuela y se puso a leer y aprender diversas disciplinas, entre ellas la música [...] [*El Taller Literario - Blog para Escritores,* acceso: 21-2-2008]

Podríamos parafrasear el ejemplo anterior de muchas formas: diciendo que Monterroso abandonó la escuela por propia iniciativa, por su propia voluntad, voluntariamente, libremente, sin que nadie le obligara, porque quiso, por su cuenta y riesgo...

Los aficionados a los latinajos navegan entre dos escollos igual de peligrosos: la pedantería y el error. Y, en cualquier caso, siempre se puede decir lo mismo en un castellano sencillo y elegante. Es cuestión de probar.

Etimología de 'monje'

24 de febrero de 2008

Etimológicamente, un monje es alguien que vive retirado del mundo. Este nombre procede del griego *monachós* 'solo', es decir, el monje es un ser solitario.

La denominación se basa en una metonimia: uno de los atributos de la condición monástica es el estar apartado del mundo y este es el que se empleó para darle nombre.

¿Cómo se pronuncia 'Liechtenstein'?

26 de febrero de 2008

Liechtenstein es un pequeño principado de habla alemana situado entre Suiza y Austria.

Hasta aquí, todo bien. El problema viene cuando tenemos que pronunciar su nombre.

Una forma levemente castellanizada es «líj-tens-tain» (la jota suena como jota).

Otra solución, quizás la menos lucida pero la más honrada, es pronunciarlo tal como se escribe. Es algo que siempre se ha hecho en los territorios de habla española y, al fin y al cabo, uno no tiene por qué conocer todas las lenguas del mundo.

He oído muchas veces decir «liéchestein», quitando la sílaba *-ten-* y convirtiendo el principio en una especie de cruce entre *leche* y *lichi*. Esta parece ser una forma especialmente apreciada por los comentaristas deportivos, pero no parece que sea la más aconsejable.

La pronunciación exacta en alemán (para quien tenga conocimientos del alfabeto fonético internacional) es [ˈlɪçtənʃtaɪn]. Tampoco parece muy aconsejable en nuestra lengua porque contiene un par de sonidos palatales que nos resultan extraños: [ç] y [ʃ]. El primero es peculiar del alemán. Para entendernos, podríamos describirlo como una jota que se articula en una posición más adelantada.

El segundo es el mismo sonido que encontramos en inglés *she* o francés *chez.*

En cualquier caso, la pronunciación de palabras extranjeras es un problema complicado para el que no hay una regla general en castellano.

¿'Enseguida' o 'en seguida'?

27 de febrero de 2008

Las dos grafías *enseguida* (junto) y *en seguida* (separado) son correctas. Veamos un ejemplo de cada una de ellas:

> No pude ir ayer a una lectura de Miguel Ángel Bernat en La buena vida-Café del libro, un café librería que no tardaré en visitar, vamos, que voy a ir *enseguida* [*El Blog de Enrique Ortiz,* acceso: 27-2-2008]

> A los dentistas de ahora les molestan los dientes, *en seguida* quieren extraer las piezas [*Los Diarios Rusos de Mijail Antonovich,* acceso: 27-2-2008]

No obstante, en casos como este, en que se puede elegir entre escribir junto o separado, se prefiere la grafía en una sola palabra.

Etimología de 'lunes'

2 de marzo de 2008

El lunes es el día de la Luna.

En latín clásico, este día se llamaba *dies lunae,* pero la forma popular era *dies lunis* por analogía con *dies martis* ('martes'), *dies jovis* ('jueves') y *dies veneris* ('viernes'). Para abreviar, se podía decir simplemente *lunis.* De ahí viene nuestro nombre actual. La evolución, por tanto, es esta:

Dies lunae > dies lunis > lunis > lunes

En Roma, los días de la semana se nombraban por los astros. En castellano esta relación solo se mantiene desde el punto de vista etimológico. Los nombres se han convencionalizado y desmotivado: la palabra *lunes* no remite a la Luna sino solamente al día de la semana. En el caso del sábado y el domingo, ni siquiera se mantiene la relación etimológica porque el cristianismo la ha borrado al sustituir los antiguos nombres latinos por otros nuevos.

El muy zorro, la muy zorra

5 de marzo de 2008

Un indicio de que una palabra o expresión se utiliza de manera sexista es que el femenino tenga una interpretación negativa de la que carece el masculino.

Por ejemplo, si yo le digo a un señor que es un zorro, probablemente se pondrá tan contento porque le estoy pintando como persona astuta, avispada (algo que a casi todos nos gustaría ser). Ni que decir tiene que el resultado en femenino no sería el mismo, pues una de las acepciones de *zorra,* recogida incluso en el diccionario, es la de 'prostituta'. De hecho, muchas de las expresiones sexistas van a parar al mismo sitio: sirven para atacar a la mujer por el flanco de la moral sexual tradicional. Fíjate si no en cómo cambia la interpretación de este ejemplo al sustituir *fulano* por *fulana*:

> Yo abrí la puerta y *el fulano* me entregó un enorme ramo de rosas rojas con un gesto tímido y molesto [...] [*Charco sin nube*, acceso: 28-2-2008 (blog eliminado a 6-12-2009)]

Por esto mismo, no tiene la misma gravedad decirle a un hombre que es un guarro (a muchos ni siquiera les molestaría) que tachar a una mujer de guarra. Si me refiero a un político como hombre público, no tendrá nada que objetar, mientras que una política no creo que estuviera encantada de oírse llamar mujer pública.

Fuera ya de lo sexual, en muchos casos la forma masculina es claramente más prestigiosa. Es difícil utilizar la palabra *poetisa* sin evocar la idea de una chica un poco cursi que escribe versitos en sus ratos libres. Este es el papel en que se encasillaba a la mujer que se dedicaba a la lírica. No es que faltaran mujeres que crearan una poesía de calidad; es que sus méritos se silenciaban, se borraban sistemáticamente en este terreno y en todos los que no fueran los *propios de su sexo*. Los focos del reconocimiento caían sobre el hombre, el poeta, que —ese sí— hacía una literatura sublime, digna de admiración. Un caso análogo era el de *filósofo* frente a *filósofa* o incluso *ingeniero* frente a *ingeniera*. El femenino de estos nombres solía llevar asociadas connotaciones ridículas o despectivas. La mujer que no se conformaba con el papel limitado y subordinado que se le asignaba en la sociedad tradicional era denigrada y ridiculizada.

Hoy la misoginia y la discriminación se van superando, aunque sea lentamente, pero su memoria se ha hecho fuerte en los elementos más irracionales del lenguaje, en aquellos que más difícilmente son sometidos a una crítica consciente. El despojar a palabras como estas de su carga negativa sería una aportación a la igualdad.

Etimología de 'marzo'

6 de marzo de 2008

Marzo viene del latín *Martius* 'mes de Marte', pues estaba consagrado al dios romano de la guerra.

Este nombre está hoy convencionalizado, es decir, ya no remite a ningún dios sino tan solo al mes al que designa.

Origen del artículo determinado

8 de marzo de 2008

En latín no existía el artículo. Este es una innovación de las lenguas románicas a partir de un demostrativo *ille, illa* que significaba 'aquel':

> Illem hominem 'aquel hombre' > el hombre
> Illam civitatem 'aquella ciudad' > la ciudad

En este proceso, el demostrativo original experimenta diversos cambios.

Se reduce su sustancia fónica. Esto salta a la vista al comparar la forma latina con la castellana, que es más breve. La reducción afecta también al acento. El demostrativo latino era tónico, mientras que nuestro artículo es átono y se apoya en la palabra siguiente para su pronunciación. Compárese:

«íllem óminem»/«elómbre»

También se reduce su significado (esto es lo que se conoce como *desemantización*). Tanto el demostrativo como el artículo tienen un significado gramatical, abstracto. Sin embargo, el significado del demostrativo *ille* 'aquel' incluye más componentes que el artículo *el*. Nos muestra (de ahí su nombre) una realidad que está situada en el máximo grado de alejamiento, pues no está en la órbita de la 1.ª persona (*yo*) ni de la 2.ª (*tú*) sino en la de una 3.ª (*él*). Un componente secundario de este significado es la definitud: esa realidad es conocida por haber sido nombrada anteriormente o porque forma parte por cualquier otro motivo del universo del discurso. Pues bien, en el paso del demostrativo latino al artículo castellano se pierde el componente primario del significado y solo queda este rasgo secundario de definitud.

Además, el artículo ha perdido libertad en cuanto a su posición (fijación sintagmática). En latín el demostrativo podía aparecer antes o después del nombre, o sea, podíamos decir lo mismo *illem hominem* que *hominem illem*. Pensemos que con nuestros actuales demostrativos también podemos decir *aquel hombre* o *el hombre aquel*. El artículo, en cambio, por fuerza tiene que anteceder al sustantivo: *el hombre*.

La presencia o ausencia de nuestro artículo viene determinada por reglas en la mayoría de los contextos. El artículo ha sufrido un proceso de obligatorificación. Por eso decimos «*El* pan ha vuelto a subir» y sería incorrecto **Pan ha vuelto a subir*. No podemos elegir.

El proceso de aparición del artículo se dio en paralelo en castellano y en las otras lenguas románicas, aunque los resultados fueron ligeramente diferentes (por eso no se utiliza igual el artículo en castellano y en francés, por ejemplo). El pronombre *él, ella, ello* tiene el mismo origen, pero es una forma tónica con una evolución propia. También salen de este demostrativo nuestros actuales pronombres átonos de 3.ª persona (por ejemplo, *La vi ayer*). En fin, que el *ille* latino fue bastante prolífico.

Grosso modo

11 de marzo de 2008

Grosso modo es una expresión latina que se utiliza a menudo en castellano. Mi consejo aquí, como siempre, es evitar el latinajo sustituyéndolo por una expresión más llana y más clara. No obstante, si alguien se empeña en usarlo, debería tener en cuenta lo siguiente:

a) No debe ir precedido de preposición. Se considera semiculta la forma **a grosso modo*.

b) *Grosso* se escribe con dos eses, o sea, nada de **(a) groso modo*.

c) No es necesario emplear cursiva para escribir esta expresión latina porque está integrada en el léxico castellano.

Aquí tenemos un ejemplo correcto:

> Para entender los posibles impactos de San Glorio sobre la población oriental de osos cantábricos conviene conocer *grosso modo* la geografía del núcleo oriental y la distribución del oso dentro de ella [*Esquí San Glorio*, acceso: 11-3-2008]

Hay muchas posibilidades castellanas para sustituir esta locución, dependiendo del contexto en que aparezca: *aproximadamente, más o menos, a grandes rasgos, por encima, sin entrar en detalle*, etc.

Podría terminar añadiendo que esta ha sido una explicación grosso modo, pero para predicar con el ejemplo diré más bien que eso era, *poco más o menos,* lo que tenía que contar hoy.

Etimología de 'braga'

18 de marzo de 2008

No, no; no es que hoy vaya a publicar una entrada subida de tono. La palabra *braga(s),* utilizada en España para referirse a una prenda interior femenina, es de origen celta y muy decente. A nosotros nos llega por mediación del latín *braca.*

Esta palabra nombraba inicialmente una prenda de vestir propia de los galos, que los romanos desconocían y que les llamó poderosamente la atención: los pantalones. Cualquiera que haya leído un cómic de Astérix y Obélix se habrá dado cuenta de que los romanos visten toga, mientras que los galos llevan pantalones.

Por un desplazamiento metonímico, el nombre que se

empleaba para referirse a los pantalones empezó a aplicarse a la prenda que estaba en contacto con ellos por dentro y después acabó especializándose para la versión femenina.

Este es el significado que tiene hoy en el español europeo, aunque hay una gran variedad de denominaciones en el mundo de habla hispana.

¿'Tabús' o 'tabúes'?

23 de marzo de 2008

Tabú es un nombre que termina en *-u* tónica. Las palabras con esta terminación admiten como norma general dos plurales:

a) Plural en *-s*: *tabús*, por ejemplo:

> Sitios de convivencia virtual como MySpace o SecondLife son [...] sitios de exploración en donde todo el tiempo se rompen *tabús* y códigos de ética [*Blog de Octavio Islas,* acceso: 23-3-2008]

b) Plural en *-es*: *tabúes*:

> ¿Existen los temas *tabúes* en la literatura infantil? [*Revista Planetario,* acceso: 8-12-2009]

La opción entre uno y otro sufijo tiene que ver con algunas tendencias que explicamos a continuación.

Las palabras pertenecientes a registros cultos suelen tomar la terminación *-es*. Un buen ejemplo puede ser nuevamente *tabú*. Las dos formas de plural son correctas, pero hay una marcada preferencia por *tabúes* que podemos comprobar mediante una sencilla búsqueda con Google: mientras que para *tabús* encontramos 69 100 apariciones en toda Internet, para *tabúes* hay 301 000 [23-3-2008].

Esta preferencia de los registros cultos por la forma *-es* incluye a adjetivos de procedencia geográfica, étnica o religiosa como *zulú, bantú* o *hindú*. Coexisten las formas *hindús* e *hindúes*. Las dos son correctas, pero se suele elegir la segunda.

Como es de esperar, las palabras que remiten a realidades más cotidianas, más de andar por casa, tienden a tomar la terminación *-s*. En algunos casos, esta es la única que se considera aceptable. Es lo que ocurre, por ejemplo, con *menús* o *champús*.

De las dos terminaciones disponibles para el plural de las palabras terminadas en *-u* tónica, la única que sigue teniendo vitalidad hoy día es *-s*. Su competidora *-es* supone, en este caso, un resto de un procedimiento de formación del plural que hoy solo afecta a palabras terminadas en *-u, -i* acentuada, pero que antiguamente también se aplicó a las que acababan en *-a, -o* acentuada y del que quedan vestigios en formaciones como *faralaes* o *noes*. Por eso, si hoy se crea una nueva palabra terminada en *-u* tónica, su plural se formará con *-s*. Un ejemplo puede ser *cazús* (un cazú es un instrumento musical de viento).

En definitiva, aquí más que una norma rígida tenemos tendencias. Por un lado, hay una tendencia general a la simplificación de estos plurales que favorece formas en *-s* como *menús*. Por otro lado, hay una tendencia en los registros cultos a preservar el plural *-es* para las palabras que ya lo tienen, aunque no se les aplique a las nuevas.

Gerundio como modificador de un nombre

25 de marzo de 2008

La norma no acepta el uso del gerundio como modificador de un nombre, es decir, en función análoga a la de un adjetivo. He aquí un ejemplo de este uso incorrecto:

> [...] en su patio y garaje tenía estacionada *una caja de aluminio de tracto-camión conteniendo* 30 toneladas de mármol negro [...] [*Gaceta Parlamentaria* (México), año III, n.º 515, acceso: 25-3-2008]

En la frase de arriba el gerundio se está utilizando, incorrectamente, para explicar algo a propósito de *caja de aluminio,* como si fuera un adjetivo. Lo que exige la norma aquí es una oración de relativo. El ejemplo anterior queda así, una vez enmendado:

> En su patio y garaje tenía estacionada una caja de aluminio de tracto-camión *que contenía* 30 toneladas de mármol negro

Estas construcciones son, a menudo, calcos del inglés, por lo que no es raro que aparezcan en traducciones más o menos apresuradas.

Hay un par de excepciones que sí están aceptadas:

a) Se considera correcto este uso en títulos de cuadros, fotografías, etc., por ejemplo:

> *Cristo expulsando* a los mercaderes del templo [Óleo de El Greco]

b) Los gerundios *ardiendo* e *hirviendo* sí se pueden utilizar como adjetivos, como en estas oraciones:

> Cuando el cíclope duerme, le clava *una estaca ardiendo* en su único ojo [*El Portal de El Algar,* acceso: 25-3-2008]

> ¿Qué sucede si se lanza *agua hirviendo* al aire en un típico día invernal canadiense a -40° centígrados? [*hmmm,* acceso: 25-3-2008]

El gerundio en función adjetiva es, después del gerundio de posterioridad, el uso no normativo del gerundio que se da con mayor frecuencia.

Cambio de sílaba acentuada en plural

27 de marzo de 2008

Existen unos pocos nombres cuyo acento cambia de sílaba al formar el plural. Los principales son estos:

> Ca*rác*ter > carac*te*res
> *Ré*gimen > re*gí*menes
> Es*pé*cimen > espe*cí*menes

Como vemos, el acento recae sobre una sílaba diferente, pero la posición relativa se mantiene. Así, para *carácter,* la sílaba tónica en singular es *-rac-* frente a *-te-* para el plural; pero la palabra es llana en singular y lo sigue siendo en plural, pese a que el sufijo de plural *-es* añade una sílaba.

En el caso de *carácter* y *espécimen*, algunos hablantes

utilizan un singular regresivo que se forma a partir del plural, quitándole la terminación y manteniendo el acento en la misma sílaba que estaba acentuada en plural:

> Carac_te_res > *carac_ter_
> Espe_cí_menes > *espe_ci_men

Estos singulares regresivos no están admitidos en la norma y por eso aparecen tachados.

El singular agudo _*caracter_ se suele utilizar con el significado de 'letra, signo de un sistema de escritura' (por ejemplo, _falta un *caracter en este teclado, un *caracter del alfabeto cirílico_). De esta forma, se reserva _carácter_ para 'rasgos de la personalidad' (_Pedro tiene buen carácter_) y se crea una nueva denominación para 'signo de la escritura'. La norma solo acepta la forma llana _carácter_ en uno y otro caso.

Catalanismos en castellano

28 de marzo de 2008

El catalán y el castellano son lenguas hermanas: las dos han salido de la misma madre, el latín, y se han criado en la misma casa, la Península Ibérica. Han crecido juntas, y como buenas hermanas que son se han prestado muchas cosas a lo largo de los años. Por eso en castellano encontramos hoy un número nada desdeñable de catalanismos.

Algunos tienen que ver con la gastronomía y se refieren a alimentos o utensilios existentes en los territorios de habla catalana y que Castilla conoció por su mediación, por ejemplo, *paella, alioli, dátil, turrón, ensaimada, perol* y *butifarra.*

Otros pertenecen al ámbito amplio de la economía, manufacturas, comercio, trabajo, etc., como *peseta, cordel, cantimplora, faena, granel, papel, retal, esquirol, bajel, guante, pólvora, pincel* y *sastre.*

Algunos se refieren a categorizaciones sociales, como *orate, charnego* y *forastero.*

También los hay relacionados con la vivienda: *barraca, retrete* y *picaporte.*

Entre los términos botánicos podemos citar *clavel* y *trébol.*

También son catalanismos *capicúa, añoranza, salvaje* y muchas otras palabras tan arraigadas hoy en castellano que ni siquiera sospecharíamos que fueron en su día préstamos.

Otra lengua con la que el catalán mantuvo un estrecho e intenso contacto durante siglos es el italiano. Muchos vocablos y conceptos de origen italiano llegan a la Península Ibérica por mediación catalana; y también en el léxico italiano ha dejado su huella el catalán, pero de eso ya tendría que ocuparse un blog de lengua italiana o catalana.

Etimología de 'camaleón'

31 de marzo de 2008

Camaleón viene del griego *khamailéon*, que significa

'león que se arrastra por el suelo'. Al castellano y a las otras lenguas románicas les llega por mediación del latín:

Gr. *khamailéon* > lat. *chamæleon* > cast. *camaleón*

El nombre griego es un compuesto de *khamaí* 'por el suelo' y *léon* 'león'.

Se ha explicado como una denominación irónica motivada por su timidez (por ejemplo, por parte de Coromines en su *Breve diccionario etimológico de la lengua castellana*).

Esto es lo que nos cuenta Covarrubias sobre el camaleón en su *Tesoro de la lengua castellana o española*:

> CAMALEON, este animalejo vi en Valencia en el huerto del señor Patriarca Juan de Ribera, de la misma figura que le pintan. Es cosa muy recebida de la su particular naturaleza mantenerse del ayre y mudarse de la color que se le ofrece en su presencia, excepto la roxa y la blanca, que estas no las imita [...] Es nombre griego: *chamæleon* [...] Vale tanto como humilis, seu parvulus leo ['león humilde o pequeño', A. B.] Es el camaleón símbolo del hombre astuto, disimulado y sagaz, que fácilmente se acomoda al gusto y parecer de la persona con quien trata, para engañarla. Significa también el lisonjero y adulador, que si lloráis, llora; y si reís, ríe; y si, a medio día claro, decís vos que es de noche, os dirá que es assí, porque él ve las estrellas. Este tal merecía que se las hicieran ver realmente, con meterle en un poço muy hondo, de donde dizen poderse ver a medio día [...]

Ojito con los camaleones.

Urbi et orbi

7 de abril de 2008

La expresión latina *urbi et orbi*, como casi todas, tiene bastante mala idea y por eso le gusta ponernos la zancadilla. Mi consejo con los latinajos es evitarlos siempre que se pueda, pero este puede ser uno de los pocos que están justificados, pues el sintagma *bendición urbi et orbi* designa de manera clara e inequívoca una institución de la iglesia romana: la bendición que imparte el Papa desde el balcón de la Basílica de San Pedro el domingo de Pascua y el día de Navidad.

He aquí un ejemplo en que se usa correctamente:

> Benedicto XVI impartirá hoy a mediodía la bendición *Urbi et Orbi*, a la *Ciudad y al Mundo*, después de felicitar la Pascua en gran número de idiomas [*Abc* (España), acceso: 8-12-2009]

Podríamos sustituirla por *bendición para la ciudad (de Roma) y para el mundo*, pero esto probablemente es menos claro. No está de más, en cualquier caso, explicar en castellano a qué nos referimos, como hace el redactor del ejemplo de arriba, pues no todo el mundo tiene por qué entendernos.

Con lo que hay que tener cuidado es con la terminación de los dos nombres, que es *-i*, aunque algunos cambian la expresión en *urbi et *orbe* por analogía con el castellano *orbe*.

También se acepta su uso con el significado figurado de 'universalmente, por todas partes, por todo el mundo', como en este ejemplo, que, claramente, no tiene interpretación religiosa:

> Almodóvar ha triunfado *urbi et orbi* con su original reelaboración posmoderna de tradiciones culturales tan nuestras como la picaresca, el sainete, el melodrama, el esperpento y la astracanada [Román Gubern en *El País*, acceso: 8-12-2009]

Esperemos que triunfes tú también *urbi et orbi* con el buen uso que hagas de esta expresión.

¿'Aparte' o 'a parte'?

20 de abril de 2008

Como norma general, *aparte* se escribe junto. Esta palabra tiene diferentes usos. En uno de ellos es un adverbio que significa 'en otro lugar', 'separado' o incluso 'a un lado, al margen', como en el ejemplo (1):

> (1) He tratado de dejar *aparte* todos los prejuicios que he ido acumulando contra el libro, leerlo, y luego formarme una opinión concreta [*Tatuado en papel,* acceso: 19-4-2008]

También existe la locución *aparte de*, que puede significar 'además' (2) o 'sin contar' (3):

> (2) Eric Olhsson es diseñador gráfico y trabaja como freelance *aparte de* ser músico [*Graficante,* acceso: 19-4-2008]

> (3) Aún es joven, tiene 40 años y dos meses contados, y, *aparte de* unos triglicéridos rebeldes, está razonablemente sano [*Fibromialgia,* acceso: 20-4-2008]

Estos son los usos más importantes de *aparte* escrito en una sola palabra. Quedan dos que solo comentaré de pasada porque no plantean tantas dudas. Hay un *aparte* adjetivo 'diferente, singular' (*Ese es un caso aparte*) y un *aparte* sustantivo, como en la expresión *hacer un aparte con alguien* 'hablar con otra persona sin que se enteren los demás de lo que dicen'.

Hasta aquí llegan los usos de *aparte* escrito junto.

Además, ocasionalmente, pueden coincidir la preposición *a* y el sustantivo *parte* como palabras independientes en la secuencia *a parte* (separado):

> (4) [...] el conseller Huguet quiere escuchar *a parte* de la sociedad digital y se va a estudiar cómo impulsar la sociedad de la información [*K-Government,* acceso: 8-4-2008]

Las apariciones de esta combinación son relativamente escasas. Normalmente podremos reconocerla porque admitirá que introduzcamos un artículo entre la preposición y el nombre o incluso que añadamos un artículo y un adjetivo:

> (5) El conseller Huguet quiere escuchar a *una* parte *considerable* de la sociedad digital

Haz la prueba con los ejemplos (1), (2) y (3); y verás cómo no funciona.

En resumen, antes de escribir *a parte* separado, desconfía y compruébalo. Probablemente estás metiendo la pata.

Etimología de 'abril'

22 de abril de 2008

La etimología de *abril* es dudosa. Su nombre en latín era *aprilis*. Se ha querido relacionar con el verbo *aperire* 'abrir' a través de una supuesta forma *aperilis*. La explicación es que en este mes la primavera abre la tierra, las flores, etc. Ovidio se hace eco de tal idea; pero esto, probablemente, no pasa de ser pura etimología popular.

También se ha propuesto como origen el griego *aphrós* 'espuma' a través de una forma supuesta *aphrilis*. El mes de abril estaba dedicado a la diosa Venus, quien, según la leyenda nace de la espuma. Su nombre en griego, Aphro*díte*, lleva dentro la palabra *espuma*, aunque aquí, nuevamente, todo parece indicar que nos movemos en el terreno de la etimología popular.

En este caso, lo único que se sabe con certeza es que no se sabe.

Leísmo de cortesía

23 de abril de 2008

El leísmo de cortesía es muy frecuente cuando nos dirigimos a una persona a la que tratamos de usted. Está aceptado en la norma. Consiste, como cualquier leísmo, en utilizar el pronombre *le(s)* para el complemento directo. Lo característico de este tipo específico es que va asociado a la forma de respeto de la segunda persona: *usted(es)*. Se da en masculino y en femenino (aunque es más frecuente el primero), y tanto para el singular como para el plural.

Este leísmo de cortesía explica que, frecuentemente, la fórmula de despedida en una carta formal, tanto para un hombre como para una mujer, sea:

Le saluda atentamente

Teniendo en cuenta que *saludar* es un verbo transitivo (o sea, que rige complemento directo), lo que sería de esperar aquí es *La saluda atentamente* si nos dirigimos a una mujer o *Lo saluda atentamente* si nos dirigimos a un hombre (contando con que quien escribe no sea leísta).

Este fenómeno se constata incluso para hablantes que por lo demás no son leístas e introduce una diferenciación en el pronombre átono para dos personas verbales que normalmente coincidirían en la forma de dicho pronombre:

2.ª persona (forma de respeto): *No* le *había reconocido [a usted]*

3.ª persona: *No* lo *había reconocido [a él]*

Si nos atenemos simplemente al régimen verbal, lo que sería de esperar en los dos ejemplos anteriores es simplemente *No lo había reconocido* (siempre que el hablante no sea leísta, insisto). La forma leísta tiene a su favor en este caso que se percibe claramente como más respetuosa.

El leísmo es un fenómeno muy complejo en el que se cruzan norma y uso. Además, no es un fenómeno unitario, sino que coexisten tipos diferentes con diversa consideración normativa y diverso prestigio. No es de extrañar que los hablantes leístas corregidos (o sea, la mayoría de los castellanos con un cierto nivel educativo) se sientan a menudo inseguros en el uso de los pronombres átonos de tercera persona.

Palabras inventadas

25 de abril de 2008

Las palabras nuevas raramente se inventan de la nada. Lo normal es reutilizar material léxico preexistente mediante diferentes procedimientos de formación de palabras o recurriendo a préstamos de otras lenguas.

No obstante, a veces sí que se crean palabras completamente nuevas. Se habla entonces de acuñación *ex nihilo* ('de la nada'). El único ámbito donde este procedimiento es relativamente frecuente es el de las marcas comerciales, como *Kodak* o, en España, *Alaris* (un tren que circula de Valencia a Madrid).

No es fácil aportar ejemplos porque, aparte de que son de por sí escasas, las palabras inventadas plantean un problema metodológico de base: es imposible demostrar que algo no existe. Nunca podemos tener la certeza de que una palabra no se basa en otra. Quizás sí que tiene un antecedente, pero lo desconocemos. Por ejemplo, ¿cómo puedo estar seguro yo de que el inventor de la palabra *Alaris* no tuviera en la cabeza un acrónimo como ***A la ri****ca* ***s****angría*? No puedo.

Cualquier, cualquiera, cualesquiera

28 de abril de 2008

Una duda muy frecuente es la que plantea el uso de las diferentes formas del determinante *cualquiera*, a saber:

Cualquier
Cualquiera
Cualesquiera

El que aparezca una u otra depende de dos factores:

a) la posición respecto del nombre (si aparece antes o después de este)

b) el número del nombre (singular o plural)

La forma *cualquier* es singular y aparece antepuesta al nombre. Como vemos en el ejemplo siguiente, el nombre al que se refiere puede ser tanto femenino como masculino:

(1) [...] el [teléfono] móvil es el mejor disfraz, el que te permite disimular *cualquier cosa,* camuflar *cualquier sitio,* el que hace que el enemigo no sepa dónde mirar cuando te está buscando [*¿Quién es Juan?/e-life,* acceso: 26-4-2008]

Cualquiera es también singular, pero aparece pospuesto al nombre, que puede ser masculino o femenino:

(2) Trabaja en *una oficina cualquiera,* en *un polígono cualquiera* [*Ideario Personal sin Censuras,* acceso: 26-4-2008]

El comportamiento es el mismo que el de otras palabras que tienen una forma plena y otra apocopada (acortada), como, por ejemplo, el determinante posesivo *mi, mío*: decimos *mi primo,* pero *un primo mío.* La forma apocopada aparece antes del nombre, mientras que la plena aparece detrás.

Cualesquiera es la forma de plural. Hoy es rara, salvo en textos formales. El género sigue siendo indiferente:

> (3) Una mañana cualquiera, en un tren cualquiera, unos ojos *cualesquiera* [*Más de Cien Mentiras,* acceso: 27-4-2008]

En el ejemplo (3) podemos ver no solo el uso de *cualesquiera* sino también su contraste con la forma de singular. La tendencia en el habla corriente es a la pérdida de la forma de plural y su sustitución por la de singular (**unos ojos cualquiera*), pero lo norma aún no ha dado ese paso.

Virtualmente, existe también una forma apocopada de plural *cualesquier.* En la práctica no se usa. En lugar de decir *cualesquier problemas,* se dice *cualquier problema* (en singular) y ya está.

Además, hay un uso como pronombre. En este caso, lógicamente, no hay sustantivo, y se emplean tan solo las formas plenas *cualquiera* y *cualesquiera,* según se trate de singular (4) o plural (5):

> (4) Como sabe *cualquiera,* en un principio todos los elfos eran blancos: formas blancuzcas de niebla, espíritus claros [Escritos e ideas, acceso: 27-4-2008]

> (5) *Cualesquiera* que sean su cuna o ascendencia común, lo cierto es que en la época del profeta Mahoma [...] existían varios dialectos entre las tribus de la Península Arábiga [Silvia

> Peralta Morillo, acceso: 27-4-2008 (texto eliminado de la web a 8-12-2009)]

Y con esto debería quedar resuelta *cualquier* duda que pudiera surgir sobre el uso de *cualquiera*.

Etimología de 'obús'

2 de mayo de 2008

Obús es una de las pocas palabras de origen checo que tenemos en nuestra lengua. Nos llega a través del alemán. Y ni siquiera la tomamos directamente de aquí. Antes tiene que pasar al francés y de allí lo hará al castellano. Así pues, se trata de un préstamo de tercera mano, nada menos. Esta es la cadena:

> Checo *houfnice* > al. *Haubitze* > fr. *obus* > esp. *obús*

Houfnice (pronunciado aproximadamente «jóufnitse») significaba al principio 'catapulta'. Solo después se empezó a utilizar para hablar de piezas de artillería. Se trata de una metáfora que se basa probablemente en la trayectoria: el obús permite lanzar los proyectiles *bombeados* (o sea, describiendo una parábola). Así se podía disparar fácilmente por encima de las propias tropas, de forma comparable a como lo haría una catapulta.

Según el diccionario histórico alemán de los hermanos Grimm (el *Deutsches Wörterbuch*), la palabra entra en la lengua alemana en el siglo XV a raíz de las guerras husitas, que agitaron Bohemia por motivos político-religiosos. De ahí pasa a las otras lenguas de Europa.

Faltas de ortografía por influencia de la pronunciación

12 de mayo de 2008

Los desajustes entre pronunciación y escritura son fuente de numerosas faltas de ortografía. Quienes están poco versados en la escritura dejan que la lengua oral les juegue malas pasadas ortográficas de dos maneras, principalmente:

a) Escriben de oído, es decir, escriben las palabras tal como se pronuncian

b) Se pasan de correctos: por miedo a equivocarse, desconfían de grafías que les parecen demasiado sencillas, con lo que acaban incurriendo en ultracorrección

Podemos diferenciar dos grandes tendencias en la ortografía de las lenguas con escritura alfabética. Por un lado, encontramos sistemas como el del inglés y el francés que poco tienen ya que ver con la pronunciación y mucho con la historia o el origen de las palabras. Esto es lo que se denomina *tendencia etimológica*. Por otro lado, hay sistemas muy fieles a la pronunciación, como el del italiano o el checo. Predomina en ellos la *tendencia fonémica*. El ideal de una ortografía fonémica es que a cada sonido le corresponda una letra (y solo una) y a cada letra un sonido (y solo uno), aunque en la práctica es raro que esto se lleve hasta las últimas consecuencias. La ortografía del castellano se sitúa a mitad de camino. La correspondencia es bastante estrecha, pero se dan también desajustes como la digrafía, heterografía, etc.

Las faltas de ortografía representan un mayor peligro en aquellas variedades del español que han sufrido una evolución fonética más radical, lo que incluye a las diferentes variedades del andaluz y del español de América. La razón es que aumenta la distancia entre el código oral y el código escrito. Asimismo, suelen tener un mayor prestigio las variedades cuya pronunciación se mantiene más cercana a la escritura, aunque esto no pasa de ser un prejuicio de los hablantes, que creen que lo escrito es superior a lo oral. Hasta tal punto es así que la ortografía puede llegar a cambiar la pronunciación.

Probablemente, el ejemplo más famoso de dificultades ortográficas por discordancia entre pronunciación y escritura es la confusión de *b* y *v*. Estas dos grafías corresponden en español a un único sonido. Este es un fenómeno panhispánico. Ya en tiempos de los romanos se decía:

> Beati hispanii quibus *bibere vivere* est
> 'Dichosos los hispanos, para quienes vivir es beber'

Esto indica que ya en el latín hispánico los sonidos representados por esas dos letras habían quedado reducidos a uno («b»), de modo que sonaban igual *bibere* 'beber' y *vivere* 'vivir'. Por eso, esta falta de ortografía iba asomando la patita ya desde el latín por estas tierras ibéricas.

Hoy escribimos *haber* con hache porque hace más de 2 000 años se pronunció esa letra como una aspiración.

Este es un buen ejemplo de ortografía etimológica. En la lengua estándar actual, esta grafía no se corresponde con ningún sonido. No es de extrañar, por tanto, que dé pie a incorrecciones, ya sea por omisión (*comerse* la hache), ya sea por ultracorrección (escribirla indebidamente).

Las grafías *c, z* y *s* dan quebraderos de cabeza a los hablantes seseantes y ceceantes, es decir, a la inmensa mayoría. No tienen mayor problema quienes distinguen en la pronunciación «ese» y «ce» (*coser* frente a *cocer*). Pero para una gran parte de los andaluces, así como para los hablantes canarios y americanos, la corrección ortográfica depende aquí tan solo de su memoria visual.

Hoy son minoría quienes distinguen en la pronunciación entre *rallar* y *rayar*. Este es un fenómeno que se conoce como *yeísmo*. De ahí que sean frecuentes las vacilaciones en la escritura entre el par *y/ll*.

La pronunciación de la *x* en final de sílaba se suele simplificar en *s*, de modo que *extraño* suena «estraño». Esto, que es perfectamente aceptable en el habla, explica que al escribir se confundan *x* y *s* en dicha posición.

Los casos que hemos revisado hasta aquí afectan a la escritura de letras individuales. También ocurre a veces que se escriben juntas palabras que deberían ir separadas, como *sobre todo*. Esto se explica porque *sobre,* como preposición que es, carece de acento propio y se apoya en la palabra siguiente para pronunciarse, que es lo que pretende reflejar quien las une en la escritura. Si a esto le unimos que la expresión *sobre todo* forma una unidad por su sentido, se explica mejor aún el empeño de nuestros escribientes juntar lo que la ortografía quiso separado.

Las pausas de la lengua oral nos llevan a veces a colocar comas donde no son necesarias. Es muy normal que se introduzca una pausa en el habla entre el sujeto y el verbo, sobre todo si el primero es largo: *La Federación de Asociaciones de Pequeños Comerciantes | ha solicitado ayudas económicas al Gobierno*. Pero nunca se puede separar el sujeto del verbo con una coma al escribir.

Si invertimos la perspectiva, las faltas de ortografía dan pistas sobre cómo se pronuncian las lenguas. Nos las han dado para lenguas de las que no tenemos documentos sonoros, como el latín. Y si hacemos un poco de lingüística-ficción es fácil imaginar que si dentro de 3 000 años un historiador de la lengua se encuentra con que en los cuadernos de los escolares del siglo XXI abundaban las confusiones entre *s* y *c*, llegará a la conclusión de que algo pasaba con la pronunciación correspondiente.

Quisiera aclarar, por último, que si no he dado ejemplos de faltas de ortografía no ha sido por descuido sino por motivos metodológicos. El leer o escribir palabras con faltas refuerza la tendencia a cometerlas. Por eso, los mensajes electrónicos con faltas son nefastos para la ortografía.

Lenguaje del odio

15 de mayo de 2008

Esta entrada se escribió dentro de una campaña de blogueros a favor de los derechos humanos (*Bloggers Unite for Human Rights 2008*).

> Artículo 1
>
> *Todos los seres humanos nacen libres e iguales en dignidad y derechos y, dotados como están de razón y conciencia, deben comportarse fraternalmente los unos con los otros.*
>
> Declaración Universal de los Derechos Humanos

Demasiado a menudo, nuestro uso del lenguaje se aleja de la exigencia de comportamiento fraternal y de reconocimiento de la igualdad en dignidad y derechos. Esto puede ocurrir de dos formas, una más brutal y la otra más sutil, tan sutil que a veces ni siquiera la percibimos.

A veces, la palabra sirve para ensañarse contra ciertos colectivos sociales. Esta es la variedad brutal del lenguaje del odio. En estos casos se busca dañar, discriminar, enfrentar. La palabra se carga de veneno en el corazón hasta que se escupe.

En principio cualquiera puede servir de blanco. El motivo no está en la víctima sino en el agresor. En la práctica, se suele apuntar contra extranjeros, miembros de otras etnias, lesbianas, gays, bisexuales, transexuales y siempre, siempre, siempre contra las mujeres. Por supuesto, el efecto es acumulativo: si por ser mujer ya estás expuesta, no digamos si eres mujer, lesbiana, extranjera y, para colmo, tienes la piel cobriza. Pero no hace falta inventarse los ejemplos; ayer, sin ir más lejos, leía en el periódico que una tienda de informática de Alcudia (Mallorca) había colocado a la puerta un cartel en el que se prohibía la entrada a *perros y rumanos*.

Lo inquietante es que se tiene más tolerancia de la que se debiera con estas manifestaciones verbales. Son muchos los que se ríen o por lo menos se sonríen cuando oyen gritar *¡Mujer tenías que ser!*, *¡Sudaca!* o *¡Maricón!* De los que lo aprueban no hablaremos porque ya habla todo el artículo de ellos.

Cualquier grupo es vulnerable. Que nadie se crea que por ser hombre, blanco, heterosexual y padre de familia está a salvo. Ya descubrirán que no hizo la mili o que vota al partido equivocado.

A veces, el colectivo agredido reivindica el término insultante (*Sí, y a mucha honra*). Suele ser un antídoto eficaz. Por ejemplo, algunos grupos de lesbianas han hecho bandera de palabras como *bollo* o *bollera*.

Los casos anteriores consisten en llamarle a alguien lo que es. Y se hace para dañarle. No se le censura por lo que hace o por sus cualidades morales sino por ser lo que es, por ser como es, en definitiva, por ser quien es. Para darnos cuenta de la injusticia, no hay más que pensar que es un ataque contra lo que el otro no puede (ni debe) cambiar.

Hay otra variedad de lenguaje del odio más sutil. Todos participamos de ella. Por lo general, ni siquiera es malintencionada. Consiste en llamarle a alguien lo que no es, como cuando decimos: *Vas hecho un gitano* ('vas desaliñado'), *Me hizo una judiada* ('me jugó una mala pasada'), *No seas nenaza* ('compórtate como un macho ibérico'). Son expresiones metafóricas que nos asimilan a un grupo estigmatizado. Aunque sea sin voluntad, se perpetúa el odio originario hacia esos grupos sociales. No deja de ser una victoria de quien primero llamó al combate contra gitanos, judíos o mujeres. Es cierto que casi todas estas expresiones han sufrido una cierta desemantización. El significado se ha ido desdibujando, pero no tanto que no podamos identificarlo.

Las manifestaciones son muchas, pero la raíz es siempre la misma. Hay que atajar el lenguaje del odio antes de que crezca porque para entonces ya será tarde. La obligación de toda persona decente es combatirlo. En esto, la defensa de los demás es, a la larga, la defensa de nosotros mismos y de los nuestros.

Etimología de 'mayo'

16 de mayo de 2008

Mayo viene del latín *maius*. Era el mes de Maya (¡no la abeja sino la diosa!).

Hay dos Mayas diferentes, la griega y la romana, que acabaron confluyendo. La Maya griega era hija de Atlas, el gigante condenado a sostener el mundo sobre sus espaldas. Era la mayor de siete hermanas: las Pléyades. Según la leyenda, era una diosa tímida y hermosa que vivía en el monte Cileno, donde concibió a Hermes de Zeus.

La Maya romana era la Bona Dea ('Buena Diosa'). En su honor se celebraba una ceremonia en mayo de la que se sabe poco porque los ritos eran secretos. Solo podían participar mujeres. Estaba estrictamente prohibida la presencia de cualquier hombre e incluso de animales machos. Era una divinidad asociada con la fertilidad y la maternidad, lo que resulta coherente con el hecho de que se la festeje en el mes central de la primavera.

¿Hablamos cada vez peor?

19 de mayo de 2008

No. La respuesta es así de simple. Y contundente. No hablamos peor. Hablamos de otras cosas. Hablamos de otro modo. Eso es todo.

El mundo cambia y también lo hace el lenguaje con el que hablamos de él. Las generaciones se suceden y cada una trae su modo de hablar, igual que trae su modo de vestir, de hacer arte o de hacer política. ¿Verdad que hoy sería ridículo vestirse como Unamuno? Pues también lo sería hablar como él. Incluso dentro de la vida de una misma persona va cambiando con los años el lenguaje. ¿O nos expresamos de la misma manera con sesenta años que con veinte?

Si la lengua fuera a peor, llegaría un momento en que no nos entenderíamos; pero eso no sucede y no puede suceder. ¿Conoces algún caso? ¿Tienes noticia de algún sitio donde hayan empezado a enredar con el idioma y al final se lo hayan *cargado*? Imagínate que en Suecia empezaran a hacer experimentos con el sueco hasta que lo estropearan y se tuvieran que pasar —qué sé yo— al italiano para volver a entenderse. Esto que es inconcebible con las lenguas no lo es tanto con otras construcciones colectivas, como la economía, sin ir más lejos. Todos podemos citar países donde han empezado a *hurgar* en el sistema económico hasta que ha dejado de funcionar. El resultado es miseria, hambre, despoblación... En ningún rincón del mundo, en ningún momento de la historia ha habido una penuria lingüística que nos haya dejado en ayunas de palabras. Por ese lado podemos estar tranquilos.

Para acercarnos al problema, tenemos que saber que existe un fenómeno que se llama *cambio lingüístico* y que este es universal. Hay toda una rama de la lingüística que se ocupa de estudiarlo. Todas las lenguas cambian y todas han cambiado. No pueden no cambiar. Esto en sí no es ni bueno ni malo. Es. Punto. Otra cosa es que los resultados nos gusten más o menos; pero eso ya es cuestión de gustos y sobre gustos...

La lengua no la hacen los catedráticos, ni los académicos, ni los políticos... ¡por suerte! Siempre la han hecho los hablantes de a pie, la gente normal y corriente: el niño que juega con sus amigos en el patio del colegio, el dependiente de la pollería que despacha cuarto y mitad de mollejas, la señora que merienda con sus amigas en la cafetería, los enamorados que se susurran al oído. Por eso la lengua es sensata y funciona. La comunidad de hablantes en conjunto es sabia (aunque algunos de sus individuos no lo sean tanto).

De unos siglos a esta parte, vienen metiendo cuchara también, con mayor o menor fortuna, gramáticos, gobernantes, lexicógrafos, periodistas, etc.; pero eso no invalida lo anterior. Me entran temblores de pensar en lo que pasaría si la lengua dependiera de una comisión de profesores, representantes del Ministerio de Educación, autores de libros de estilo, dueños de editoriales... y escritores de blogs sobre lengua, que son, con diferencia, los más dañinos.

Otra cuestión, que probablemente te estás planteando a estas alturas, es: «Sí, pero ¿por qué cambian las lenguas?». Como diría un político, *me alegro de que me haga esa pregunta*. Por hoy, lo dejaremos aquí.

Etimología de 'alopecia'

24 de mayo de 2008

Esta etimología puede interesar sobre todo a los lectores varones de una cierta edad. La alopecia es, como sabemos, la pérdida del cabello. El nombre viene del griego *alopekía*. Se deriva de *alópex, -ekos*, que significa 'zorra', porque, al parecer, a esta se le cae mucho el pelo.

Qué simpático el animalito, ¿no?

¿'Pantalón' o 'pantalones'?

27 de mayo de 2008

Pantalón forma parte de un grupo de nombres que designan realidades simétricas y que tienen la particularidad de que el plural puede referirse lo mismo a una sola unidad que a varias.

En este ejemplo, claramente, *pantalones* se refiere a un solo objeto:

> Un buen día decidí que me quería poner unos *pantalones* negros vaqueros superchulos que combinaban de la muerte con un polo granate que tengo [paladinmd en *LiveJournal,* acceso: 26-5-2008]

En cambio, en este otro nos remite a una verdadera pluralidad:

> Dos ciudadanos españoles han sido detenidos en el aeropuerto de Barajas cuando trataban de introducir en España 6 370 gramos de cocaína escondidos en *pantalones* y en varios paquetes que simulaban ser regalos [...] [*Me gusta Madrid,* acceso: 26-5-2008]

Esto que pasa con *pantalón* ocurre también con *alicates, tijeras, pinzas, tenazas, narices, bigotes, espaldas, calzoncillos, bragas, gafas,* etc.

Normalmente los hablantes nativos saben que esto es así y emplean sin mayor problema estos nombres. El contexto suele aclarar cómo hemos de interpretar ese plural, como ocurría en los dos ejemplos de arriba.

La duda surge con el singular. ¿Es correcto decir: *Me gusta ese pantalón, No encuentro la tijera, Le sienta muy bien esa gafa*? Sí, lo es. La norma acepta también el singular de todos estos nombres cuando queremos referirnos a una sola unidad.

No obstante, esto tampoco quiere decir que, de hecho, alternen libremente singular y plural en estos casos. Para empezar, pueden entrar en juego aquí preferencias personales. A alguien le puede gustar más *la tenaza* que *las tenazas*. Así de simple.

Puede haber también diferencias estilísticas. Por ejemplo, *narices* es más expresivo que *nariz,* de modo que normalmente se recurre al plural de estos nombres para dar más énfasis a una expresión:

> Creo recordar *unas narices enormes* y una papada descomunal, pero la fotografía está incompleta [*Alrededor de la Medianoche*, acceso: 11-12-2009]

Compara en el ejemplo anterior la diferencia de expresividad que hubiera supuesto decir simplemente *una nariz enorme*.

Nos encontramos a veces con usos preferentes que son típicos de ciertos grupos sociales. El común de los mortales habla de *las gafas,* en plural, mientras que mi larga experiencia con los ópticos me dice que te venderán el artículo con la frasecita «Llévese esta *gafa*, que le queda muy bien».

Otro caso que hay que tener en cuenta es el de las expresiones idiomáticas. Una de sus características es precisamente el ser fijas, por lo que exigen o el singular o el plural. No es lo mismo *Manolo tiene muchas narices* (idiomático: 'tiene mucho carácter') que *Manolo tiene mucha nariz* (literal: 'tiene un apéndice nasal de considerable tamaño'). *Narices* se emplea aquí como eufemismo en sustitución de otra parte del cuerpo también simétrica; pero eso ya es otra cuestión.

Una expresión idiomática que exige el singular, en cambio, es *hacer la pinza*, que significa algo así como 'aliarse dos para neutralizar a un tercero':

> EE.UU. habría pactado con Israel *hacer «la pinza»* a un Gobierno de Hamás [*Abc*, 15-2-2006, acceso: 27-5-2008]

Y podríamos seguir, pero por hoy yo creo que ya está bien. Espero haber resuelto alguna duda y que no acabes *hasta las narices* con esta entrada tan larga.

Etimología de 'tragedia'

31 de mayo de 2008

Nuestro nombre *tragedia* nos llega por mediación del latín *tragœdia*, tomado a su vez del griego *tragoidía* 'el canto de la cabra'. El nombre griego se compone de *trágos* 'cabra' y *oidía* 'canto' (piénsese en el castellano *oda*).

Hay varias hipótesis para esta etimología. Según una de ellas, en los festivales en honor de Dioniso-Baco se entonaban cantos religiosos que se acompañaban del sacrificio de una cabra. También es posible que se ofreciera una cabra como premio en un certamen teatral. Este animal, en cualquier caso, remite a Dioniso, dios del vino.

Nos encontramos aquí con una denominación metonímica: la obra poética se nombra por uno de los elementos que acompañan a la declamación o representación.

Covarrubias ya se refiere a alguna de estas hipótesis en su *Tesoro de la lengua castellana o española:*

> TRAGEDIA, una representación de personages graves, como Dioses en la Gentilidad, Éroes, Reyes, y Príncipes; la qual de ordinario se remata con alguna gran desgracia, Lat. tragedia a Graeco *tragodia.* Díxose tragedia, del nombre *tragos,* hircus, porque al principio que se introduxo este género de poema davan por premio un cabrón, o según otros que se tiene por más cierto un cuero de vino, que como a todos consta, es el pellejo de un cabrón. Lo qual da a entender Horacio en el arte poética [...] [Covarrubias: tragedia, acceso: 31-5-2008]

¿'Delante mío' o 'delante de mí'?

2 de junio de 2008

Con *delante* y algunos otros adverbios de lugar (*detrás, encima, debajo, enfrente,* etc.) se plantea la duda de si lo correcto es *delante mío* o *delante de mí.* Para esto hay un truco que consiste en anteponer el determinante posesivo, O sea, hacerse preguntas como estas:

a) ¿Puedo decir *delante mío*? No, porque no puedo decir **en mi delante.* Es decir, la única posibilidad es *delante de mí*, como en este ejemplo:

> El que iba *delante de mí* se subió bebiendo un cartón de leche. Y, claro, me lo tiró encima [*La Decadencia del Ingenio*, acceso: 2-6-2008]

b) ¿Puedo decir *alrededor mío*? Sí, porque puedo decir *a mi alrededor*, por ejemplo:

> Para la escena me inspiré en muchas conversaciones que había oído *a mi alrededor* [*Lata de Zinc*, acceso: 2-6-2008]
>
> [...] tengo un ego exageradamente grande, y quisiera que el mundo girara *alrededor mío* [*PM*, acceso: 2-6-2008]

Naturalmente, el truco funciona no solo con *mi/mío* sino también con los otros determinantes posesivos: *tu, su,* etc. En el fondo, lo único que hacemos aquí es explotar las mismas posibilidades que tenemos en *mi primo* frente a *un primo mío*.

El hablante no nativo carece de este recurso, pero puede hacer una búsqueda en Internet. Si advierte que la forma **mi detrás* no aparece o es escasísima, ya sabe a qué atenerse.

Conviene aclarar antes de terminar que también circula por ahí una variante en femenino: **delante mía.* Esta no solo no es normativa sino que es menos prestigiosa aún que **delante mío.*

Pues nada, a practicar.

Extranjerismos

6 de junio de 2008

Un extranjerismo (o xenismo) es una palabra tomada de otra lengua que se percibe todavía claramente como como un cuerpo extraño en la propia. Esto se nota en la ortografía, que se aparta de lo habitual, en la pronunciación, que puede ser vacilante, y en la morfología, que puede dar lugar a conflicto de normas en la formación del plural, en la conjugación, etc.

Los intercambios de léxico entre lenguas siempre han sido frecuentes. Lo que ha ido cambiando con el tiempo son las lenguas que exportan sus términos. Frecuentemente, esto se reduce a una cuestión de prestigio. Cuando una lengua goza de gran estima, todos se arriman a ella con la esperanza de que se les *pegue* algo de su distinción. En la Antigüedad clásica, la gran lengua de cultura, con diferencia, fue el griego. Por eso el latín estaba plagado de helenismos, algunos de los cuales hemos heredado nosotros, ya asimilados, como *cátedra/cadera, camaleón, bodega/botica, tisana, tragedia, geranio,* etc. Todos ellos fueron en su día xenismos crudos en latín.

El castellano se convirtió durante nuestros Siglos de Oro en exportador de vocabulario a escala internacional. La influencia cultural y política de Castilla se dejó notar en las lenguas de su entorno, que adoptaron nombres como *sarabande* (< *zarabanda*), *alcôve* (< *alcoba*), en el caso del francés; o *grandee* (< Grande de España), *armada* (< fuerzas navales), en el caso del inglés. Se dio aquí también un fenómeno que explica frecuentemente la difusión de los extranjerismos: quien exporta la cosa exporta la denominación. Desde la Península Ibérica se difunden productos descubiertos en el Nuevo Mundo que van a cambiar radicalmente la vida de los europeos: ¿quién se imagina hoy un mundo sin chocolate, patatas, tomates o tabaco? En la actualidad esos nombres son internacionalismos. Su origen son las lenguas americanas, pero el castellano les sirvió de vehículo.

En el mundo contemporáneo la gran influencia es sin duda la del inglés, sobre todo el de Estados Unidos. El vocabulario de nuestra lengua y de la inmensa mayoría de las lenguas de la Tierra está plagado de anglicismos como *outsourcing, caucus, checklist, talkshow, blog, airbag, PC, muffin,* etc.

El inglés ha asumido una función de mediador análoga a la del castellano clásico. Por ejemplo, hoy *tsunami* es palabra de uso más o menos frecuente en nuestra lengua; pero nosotros no hemos ido a buscarla al japonés, como tampoco lo han hecho los hablante de las otras lenguas en las que se ha introducido. Ha sido el inglés el que nos la ha servido a todos.

Frente a la adopción de palabras extranjeras hay dos posturas principales. Una es el purismo, empeñado en defender las esencias de la lengua, lo castizo. Antes de importar un término prefiere agotar todas las vías, por ejemplo:

a) Revitalizar palabras, como se hizo con *azafata,* que de 'camarera de la reina' se repescó en España para referirse a lo que en otros países llaman 'aeromoza'.

b) Traducir las extranjeras calcándolas, como ocurrió con *rascacielos* (< *skyscraper*)

Solo se tolera el extranjerismo *necesario*, que es el inevitable por falta de alternativas. El purismo suele ser normativista. Espera de las Academias de la Lengua que regulen el proceso de adopción de términos foráneos.

La otra postura es el laxismo: los hablantes decidirán

según sus intereses y necesidades. Después el vocabulario se irá decantando con el uso. Hay que dejar, simplemente, que la lengua evolucione, que todo siga su curso.

Estos son los dos polos. Entre medias, naturalmente, encontramos todo tipo de actitudes más o menos matizadas, más o menos consecuentes.

No hay que perder de vista tampoco que en la disputa de los extranjerismos se entremezclan consideraciones de orden extralingüístico: particularismo frente a universalismo, prestigio social y cultural, deseo de innovación o conservadurismo...

Lo que es seguro es que siempre ha habido intercambio entre lenguas. No hay en el mundo una sola lengua pura en el sentido de no mezclada. Ni el tomar palabras prestadas debilita a las lenguas ni el rechazarlas las fortalece. Una y otra postura son legítimas y tienen, como todo, sus ventajas y sus inconvenientes. Son otros los factores que determinan el auge o decadencia de las lenguas. El intercambio de vocabulario no es nunca causa sino más bien síntoma de tales dinámicas.

El fenómeno del extranjerismo se asocia también con dos tendencias opuestas: a la convergencia y a la divergencia de las lenguas. La globalización favorece claramente el acercamiento de las lenguas y de los estilos de vida. Se trata, eso sí, de una globalización guiada por Estados Unidos y su versión de la lengua inglesa.

Etimología de 'junio'

10 de junio de 2008

Junio viene del latín *(mensis) Iunius* 'mes de Juno'.

Juno era la hermana y esposa de Júpiter. Representaba la feminidad y reunía los atributos que se le asignaban a esta en la sociedad tradicional, sobre todo, los de esposa y madre. Era la protectora del noviazgo, el matrimonio, el embarazo y el parto.

Para los romanos, la relación del mes de junio con Juno era evidente. Hoy ya no lo es. El nombre ha sufrido una desmotivación que ha borrado este vínculo, de manera que para nosotros ya solamente se refiere al sexto mes del año.

Empoderar

12 de junio de 2008

Se está celebrando en Madrid, en la Universidad Carlos III, un congreso sobre la presencia de las mujeres en la esfera pública. Y se plantea durante la comida la cuestión de si el verbo *empoderar* está en el diccionario. Pues bien, sí lo está.

Empoderar existió en castellano clásico y se ha reintroducido en la lengua actual como calco del inglés *empower*.

En inglés y castellano este verbo tuvo un mismo significado: conceder a alguien un poder (sobre todo como representante legal); es decir, algo así como 'autorizar' o 'nombrar apoderado'. Esta acepción ya ha caído en desuso en las dos lenguas. Sin embargo, la palabra ha experimentado una revitalización en inglés y después en castellano.

El uso moderno de *empower* tiene su origen en los movimientos por los derechos civiles, que buscaban *empoderar* a sus seguidores, es decir, conquistar derechos y, con ellos, fuerza, poder para tomar sus propias decisiones y asumir el control de sus vidas. La palabra floreció cuando fue adoptada por el movimiento feminista y fue tal el éxito que acabaron adoptándola movimientos del más diverso signo.

Este uso renovado de *empower* es el que se trasplanta al español y ese es el significado actual de *empoderar* (aunque este todavía se hará esperar para entrar en el diccionario de la Academia). El significado de la palabra inglesa y el de su hermana castellana han evolucionado en paralelo aunque no de manera espontánea sino por influencia de una lengua sobre la otra. El movimiento de derechos civiles crea todo un aparato conceptual que desde la cultura estadounidense se exporta a otras culturas. Y con los conceptos se exportan las palabras para nombrarlos.

¿Es correcto entonces el uso de *empoderar*? La extensión de significado desde 'conceder un poder (legal)' a 'conceder derechos' (o más bien conquistarlos), 'asumir el control', tiene mucho sentido lo mismo en una lengua que en la otra. Ni siquiera los puristas más recalcitrantes deberían sentirse ofendidos, pues suelen defender la revitalización de palabras como medio para nombrar las nuevas realidades. Mil veces se aplaudió el rescate de *azafata* ('camarera de la reina') para referirse a la tripulante de cabina de un avión. Puede que haya quien se sienta molesto con la palabreja, pero quizás aquí se esté disfrazando de argumento lingüístico lo que en última instancia no lo es. A veces, una forma cómoda de escamotear el debate es escudarse en sutilezas filológicas. Si los diccionarios no han recogido este nuevo sentido de *empoderar,* deberían ir haciéndolo, puesto que esta palabra, de hecho, existe.

En cualquier caso, no podemos sino felicitarnos de iniciativas como la del Grupo Kore con este congreso, que es una aportación eficaz al empoderamiento de la mujer.

Etimología de 'julio'

3 de julio de 2008

Julio se llama así en honor de Julio César, que nació en ese mes. Anteriormente, el mes se llamó *quintilis* por ser el quinto del primitivo calendario romano.

Julio César fue el iniciador de la reforma de este antiguo calendario, que había ido acumulando un importante desfase respecto del año solar y resultaba nefasto para la agricultura. La versión mejorada se denomina por ello *calendario juliano.* Este estuvo en vigor hasta la reforma gregoriana, de la que surgió nuestra actual distribución del año.

Palabras de origen griego

9 de julio de 2008

El griego es una lengua que goza de un enorme prestigio desde la época clásica. Hasta tal punto es así que en la antigua Roma —conquistadora de Grecia— no se podía ser una persona culta sin saber griego. Por eso ya el latín tomó prestados numerosos helenismos. Estos pasaron después al léxico del castellano y de las otras lenguas románicas. Se trata de palabras tan arraigadas que lo último que pensaríamos es que se trata de grecismos. Es léxico que abarca todas las parcelas de la vida cotidiana, por ejemplo:

Partes del cuerpo: *cadera, esqueleto, arteria*
Animales: *camaleón, sepia, medusa, dromedario*
Plantas: *geranio, plátano, mirto, narciso*
Formas literarias: *teatro, tragedia, comedia*
Vocabulario del cristianismo: *monje, iglesia, Cristo*
Otros: *bodega, botica, cátedra, sandalia, tisana*

La lengua griega comunica su prestigio a todo lo que toca. Por eso muchos términos cultos, técnicos y científicos se forman sobre raíces griegas, por ejemplo, *filología, geografía, cosmonauta, licántropo, pterodáctilo, leucocito, psicosis, alopecia,* etc.

Para comprobar cómo ennoblece el griego, no hay más que comparar algunas palabras formadas sobre raíces helenas y sus equivalentes más castizos. Ir a *misa* no está mal si uno es católico, pero no tiene ni punto de comparación con asistir a la *eucaristía*. El *oculista* seguramente preferirá que le llamemos *oftalmólogo*; y no digamos cómo se puede poner el *callista* si no le tratan de *podólogo*. Y, puestos a elegir, siempre será más fino padecer *hemorroides* que tener *almorranas*. Las realidades son las mismas; lo que cambia son los nombres. Claramente, el griego *suena más importante*.

Esta importancia que posee y que comunica explica que sea un filón de marcas comerciales, por ejemplo, *Nike* y *Kappa* (ropa deportiva), *Kouros* (perfume), *Olympia* (máquinas de escribir), *Naxos* (discográfica), *Clio* (modelo de automóvil), *Ajax* (limpiador), *Amazon* (librería por Internet), etc.

Por último, muchos nombres de persona tienen esta procedencia. Algunos de ellos son de uso corriente en el ámbito hispánico, como *Andrés, Alejandro, Ángeles, Catalina, Esteban, Felipe, Irene, Jorge o Sofía*. Otros no lo son tanto, por ejemplo, *Anastasia, Aniceto, Cosme, Demetrio, Dorotea* y *Teófilo*. Y unos cuantos suenan hoy francamente raros (que me perdonen los lectores que puedan llamarse así, pero ellos lo saben mejor que nadie): *Agapito, Eufrasia, Eulalia, Eulogio, Eustaquio, Macario, Pacomio, Pancracio*, etc.

En definitiva, los helenismos, tan frecuentes en castellano y en todas las lenguas de Europa, forman una parte viva del legado de la Grecia clásica, que sigue irradiando cultura a través de los siglos. Estas palabras conforman nuestra manera de hablar de una parte sustancial de nuestra realidad actual, desde la vida cotidiana hasta los ámbitos más cultos o técnicos.

Covarrubias: Tesoro de la lengua castellana o española

16 de julio de 2008

Un diccionario apasionante que se puede consultar en línea gracias a la Biblioteca Virtual Cervantes es el *Tesoro de la lengua castellana o española* de Sebastián de Covarrubias. Quienes siguen el blog ya lo conocerán porque lo cito para muchas etimologías. Este es el primer diccionario monolingüe del castellano. Se cree que Covarrubias empezó a trabajar en él en 1605, bien entrado ya en los sesenta, lo que prueba que cualquier edad es buena para alumbrar una genialidad.

Los diccionarios del siglo XVII no son como los de hoy. Todavía no se ha inventado la objetividad. El autor asoma por todas partes: incluye en sus artículos anécdotas, citas, historietas, chistes y comentarios personales. Leyendo el *Tesoro* nos hacemos una idea de quién era Covarrubias y cómo era el mundo en que vivía. Esto no es, quizás, lo que esperaríamos de una obra lexicográfica, pero desde el punto de vista humano, humanístico y literario ahí reside sin duda uno de los valores de este bien llamado *Tesoro*. Vamos a ver, por ejemplo, el artículo dedicado al camaleón, que no tiene desperdicio (¡hasta se enfada!):

CAMALEON, este animalejo vi en Valencia en el huerto del señor Patriarca Juan de Ribera, de la misma figura que le pintan. Es cosa muy recebida de la su particular naturaleza mantenerse del ayre y mudarse de la color que se le ofrece en su presencia, excepto la roxa y la blanca, que estas no las imita [...] Es nombre griego: chamæleon [...] Vale tanto como humilis, seu parvulus leo ['león humilde o pequeño', A. B.] [...] Plinio [...] descrive al vivo este animalejo como yo le vi. Pero quanto al grandor devía ser poco más de un palmo y le tenían dentro de una jaula de calandria. Y de este tamaño era el que Pierio Valeriano refiere haver visto en Roma en tiempo de León Décimo en Palacio, lib. 27 de chamalleonte. En el lib. 28 cap. 3 alegado arriba trae Plinio parte de lo dicho y añade calidades del animal y uso dél, y de sus partes, pero no carece de superstición y por esso no lo refiero aquí, por tratarse de la moralidad que sacan los autores de la naturaleza suya. Es el camaleón símbolo del hombre astuto, disimulado y sagaz, que fácilmente se acomoda al gusto y parecer de la persona con quien trata, para engañarla. Significa también el lisonjero y adulador, que si lloráis, llora; y si reís, ríe; y si, a medio día claro, decís vos que es de noche, os dirá que es assí, porque él ve las estrellas. Este tal merecía que se las hicieran ver realmente, con meterle en un poço muy hondo, de donde dizen poderse ver a medio día; y de allí nació el proverbio de amenaza «Yo os haré ver las estrellas a medio día» [...]

Es animal de complexión muy frío. Deve de ser la causa que no se halla sangre en su cuerpo, sino muy poca en el corazón. Y assí está escondido en el Invierno y sale de Verano. Su mayor enemigo es el cuervo. Deve de ser la causa el verle por la apariencia mudado en cuervo. El autor de la Sexta parte de Varia lición dize que herido y muerto el camaleón muere también el cuervo si come dél por poco que sea porque es todo veneno, si bien la naturaleza le proveyó de remedio y medicina y es que si assí como se siente atormentado toma una hoja de laurel mata

> la ponçoña y cobra salud entera [Covarrubias: camaleón, acceso: 16-7-2008]

Como se puede ver por este artículo, tampoco se ha inventado en nuestro Siglo de Oro la diferencia entre diccionario general, enciclopedia y diccionario etimológico. Covarrubias está escribiendo un nuevo tipo de obra: un diccionario monolingüe de una lengua vulgar. Está inventando un género y lo está inventando a su modo.

El tesoro proporciona amplias explicaciones etimológicas porque en esta época se cree todavía que rastreando la etimología se puede encontrar el sentido original y verdadero de la palabra. Esta idea se conoce como *falacia etimológica*. Ha sido superada ya en lingüística, pero suele ser un punto de vista muy extendido entre los legos en la materia.

La etimología no es ni mucho menos una ciencia exacta. No lo es hoy y no lo era, desde luego, en tiempos de Covarrubias. Muchas de sus etimologías son fantasiosas. Otras quizás sigan siendo válidas en lo fundamental, pero ya están superadas. Sin embargo, tanto unas como otras conservan un valor cultural como testimonio de la reflexión incipiente sobre el léxico de nuestra lengua.

Según avanza la obra, Covarrubias va abreviando los artículos. La razón es muy sencilla y muy humana: le queda poca vida y mucho diccionario. En paralelo con el *Tesoro* fue redactando un suplemento manuscrito en el que recoge notas y materiales que amplían la edición impresa. Ya en los últimos años el autor estaba tan enfermo que no podía ni escribir, pero aun así siguió ampliando el suplemento al dictado. A menudo se queja con amargura de la incompetencia de los dos amanuenses que emplea.

Como tantas veces ocurre en España, esta obra monumental pasó sin pena ni gloria entre sus contemporáneos. Hubo que esperar un siglo para que se le hiciera justicia. La recién fundada Real Academia Española tiene muy presente el *Tesoro* cuando acomete entre 1726 y 1739 la redacción del siguiente gran diccionario de nuestra lengua: el *Diccionario de autoridades*.

Además de la edición en línea, que es accesible gratuitamente, existe una en papel realizada por Ignacio Arellano y Rafael Zafra para la editorial Iberoamericana/ Vervuert. No obstante, por su precio (120 euros), es probablemente más una obra para la biblioteca de una institución que para la de un particular. De los mismos editores se puede conseguir un facsímil en DVD publicado por la editorial Studiolum.

Sería de agradecer que la Biblioteca Virtual Cervantes modernizara la interfaz para facilitar la consulta y que permitiera, por ejemplo, descargar el documento íntegro. En cualquier caso, es de agradecer que el dinero público permita acceder, aunque sea con limitaciones, a un monumento cultural de este calibre.

Origen de la a

25 de julio de 2008

Las letras del alfabeto hoy no significan nada para noso-

tros. Simplemente son signos que remiten a unos sonidos y que, combinados, forman palabras. Sin embargo, esto no siempre fue así. Nuestras letras originariamente fueron dibujos que representaban realidades concretas. La a empezó su carrera en el mundo como cabeza de buey en el sistema de escritura egipcio. El recorrido que la va a llevar desde aquí hasta el alfabeto latino es largo, así que vayamos por partes.

Esta misma cabeza de buey la encontramos, ya más estilizada, pero todavía perfectamente reconocible, en la escritura protosemítica[1]. Este es un paso más: el signo ya es conocido, por lo que no hay necesidad de trazarlo con todos sus detalles, basta con quedarse con unos cuantos rasgos esquemáticos que permitan reconocerlo.

De allí pasa a la escritura fenicia, que es el origen de todos los alfabetos, aunque ella todavía no era alfabética. Los fenicios escribían con un silabario, es decir, cada signo representaba una sílaba completa de su lengua (a diferencia de un alfabeto, que representa sonidos individuales). El nombre de la primera letra era *'alef* 'buey', mostrando así bien a las claras el vínculo con su origen. Podemos observar en la imagen cómo el signo ha avanzado en el camino de su estilización y simplificación. Ya solo son tres líneas

1 La imagen de la cabeza de buey protosemítica ha sido publicada por Pmx bajo la licencia GNU de documentación libre.

que se cruzan. Conociendo su origen, se puede evocar la cabeza de buey. Pero hay que conocerlo.

A Los griegos aprenden a escribir de los fenicios adaptando el sistema a la estructura de su lengua. En griego resultaba más práctico representar sonidos individuales que sílabas completas, así que se quedan con el primer sonido de cada sílaba y descartan los demás. Pero se encuentran con un problema: los fenicios no escribían las vocales. No les hacía falta porque en su lengua la sílaba quedaba suficientemente caracterizada con las consonantes. Para solucionarlo, los griegos toman signos fenicios que representaban sonidos que a ellos no les *servían* porque no existían en su lengua y los *reciclan* para las vocales.

El primer signo del silabario fenicio representaba un sonido que no existía en griego: un cierre glotal. Para que nos hagamos una idea, un cierre glotal consiste en cerrar el paso del aire en la garganta. Los griegos, ni cortos ni perezosos, lo convierten en la vocal a y lo llaman alfa. No es difícil darse cuenta de que *alfa* viene de *alef;* pero al convertirlo en una letra de un alfabeto se ha dado un paso más en comparación con el silabario fenicio: se ha producido la desmotivación del nombre. En fenicio, el nombre de la sílaba remitía a una realidad concreta (el buey); en cambio, en griego, alfa ya no tiene que ver con ningún animalito: es solamente el nombre de la letra. Además, el signo se ha *puesto de pie,* apoyado sobre sus dos patitas.

Ya casi hemos llegado a puerto. Los etruscos aprenden

a escribir de los griegos y los romanos de los etruscos. La letra latina ya se llama simplemente a, que es el nombre que hemos heredado. El acortamiento es un paso más en el proceso de desmotivación y convencionalización que nos aleja del dibujo originario. Como el nombre ya solo se refiere a la letra, es un lujo mantener uno tan largo. Dejando solamente el principio, además, ya se corresponde exactamente con el sonido que representa. En griego, el elemento *-lf-* solo se entiende por la relación histórica con *'alef*. Los romanos ya no sienten esa herencia, que es de tercera mano.

Ya estamos donde teníamos que estar.

Origen del nombre 'Andrés'

31 de julio de 2008

Andrés es un nombre de origen griego. Viene del adjetivo *andreios,* que significaba en griego antiguo 'masculino, viril, valiente, fuerte'. Este adjetivo, a su vez, está formado sobre el nombre *aner, andros* 'hombre'.